世纪英才高等职业教育课改系列规划教材（汽车类）

汽车动力系统原理与检修
（下册）

陆兆纳　嵇尚珠　主　编

姜于亮　任焕梅　副主编

刘言强　主审

人 民 邮 电 出 版 社

北　京

图书在版编目（CIP）数据

汽车动力系统原理与检修. 下册 / 陆兆纳，嵇尚珠主编. -- 北京 ：人民邮电出版社，2011.2
世纪英才高等职业教育课改系列规划教材. 汽车类
ISBN 978-7-115-24620-2

Ⅰ. ①汽… Ⅱ. ①陆… ②嵇… Ⅲ. ①汽车—动力系统—电气设备—理论—高等学校：技术学校—教材②汽车—动力系统—电气设备—车辆修理—高等学校：技术学校—教材 Ⅳ. ①U463

中国版本图书馆CIP数据核字(2010)第244748号

内 容 提 要

本教材系统地介绍了现代汽车发动机的电控燃油喷射系统、汽车点火系统及发动机辅助控制系统的检修等内容，主要内容包括4个学习项目共13个学习任务，每个任务都由任务学习引导、任务实施和任务评价3个环节构成。项目一介绍了发动机电控燃油喷射系统的检修，项目二介绍了汽车点火系统的检修，项目三介绍了发动机辅助控制系统的检修，项目四介绍了典型车型发动机电控系统的检修。

本教材图文并茂、深入浅出、通俗易懂，可作为高职高专院校汽车类专业的教材，也可供汽车类专业培训和汽车维修技术人员使用。

世纪英才高等职业教育课改系列规划教材（汽车类）

汽车动力系统原理与检修（下册）

◆ 主　　编　陆兆纳　嵇尚珠
　副 主 编　姜于亮　任焕梅
　主　　审　刘言强
　责任编辑　丁金炎
　执行编辑　郝彩红

◆ 人民邮电出版社出版发行　　北京市崇文区夕照寺街14号
　邮编　100061　　电子函件　315@ptpress.com.cn
　网址　http://www.ptpress.com.cn
　中国铁道出版社印刷厂印刷

◆ 开本：787×1092　1/16
　印张：9.75
　字数：236千字　　　2011年2月第1版
　印数：1-3 000册　　2011年2月北京第1次印刷

ISBN 978-7-115-24620-2

定价：20.00元

读者服务热线：(010)67132746　印装质量热线：(010)67129223
反盗版热线：(010)67171154
广告经营许可证：京崇工商广字第0021号

前言

Foreword

本教材立足高职高专教育人才培养目标，坚持“以就业为导向，以全面素质为基础，以能力为本位”的宗旨，突出高职高专为生产一线培养技术型专门人才的教学特点，以突出实践能力的培养为原则，精心组织相关内容，力求简明扼要、突出重点，以适应社会发展需要，使其更具有针对性、实用性和可读性，努力突出高职教材的特点。

本教材的特点如下。

◆ 本教材结构的组织方面，以项目任务为教学主线，通过设计不同的项目，巧妙地将知识点和技能训练融于各个项目之中。教学内容以“必需”与“够用”为度，将知识点作了较为精密的整合，由浅入深、循序渐进，强调实用性、可操作性和可选择性。

◆ 本教材将理论教学与技能训练有机结合，以实验与实训场所作为教学平台，采用“项目教学法”完成课程的理论实践一体化教学，通过使教、学、练紧密结合，突出了学生实际操作能力、设计能力和创新能力的培养和提高，真正体现了职业教育的特点。

本教材由紫琅职业技术学院陆兆纳、嵇尚珠担任主编，姜于亮、任焕梅担任副主编。全书共分 4 个学习项目共 13 个学习任务，陆兆纳编写了项目二（任务一、任务二、任务三）、项目四（任务二、任务三），嵇尚珠编写了项目三（任务二、任务三）、项目四（任务一），姜于亮编写了项目三（任务一）、项目四（任务四），任焕梅编写了项目一（任务一、任务二、任务三），刘言强、侯瑞刚参与了本教材的编写，全书由刘言强主审。

本教材在编写过程中借鉴、参考了汽车发动构造与维修的相关文献，在此向参考文献的作者表示诚挚的谢意！

由于编者水平有限，书中不妥之处在所难免，恳请读者批评指正。

编　者

目录

Contents

项目一 发动机电控燃油喷射系统的检修

任务一 空气供给系统的检修

学习目标

◇ 了解电控燃油喷射系统的组成和类型。

◇ 掌握电控燃油喷射系统的基本原理。

◇ 掌握空气供给系统的组成。

◇ 能够对空气供给系统各部件进行检修。

建议完成本任务的学时为 6 学时。

内容结构

任务描述

一辆汽车发动机由于空气供给系统工作不良，导致发动机性能故障。汽车机电维修工根据维修前台接待提供的维修工单，在汽车机电维修工位以及规定工时内以经济的方式按照专业要求使用通用工具、发动机维修专用工具、设备和汽车维修资料等，完成发动机空气供给系统的故障诊断与维修。按照标准规范对汽车发动机空气供给系统进行维护、拆卸、检查、修理、安装和调整等工作。对已完成的工作进行记录存档，保持工作场地满足安全作业及 5S 工作要求。

第一部分 任务学习引导

一、电控燃油喷射系统的组成和类型

电控燃油喷射系统都遵循一个相同的控制原则，即以发动机电子控制单元（ECU）为

控制核心，以空气流量和发动机转速为控制基础，以喷油器、怠速调整和点火装置等为控制对象，保证汽油发动机在各种工况下，都能获得与所处工况相匹配的最佳混合气成分和点火时刻。

1．电控燃油喷射系统的组成

燃油喷射系统虽然种类繁多，但是总体组成均可分为燃油供给系统、空气供给系统和电子控制系统 3 个部分。

① 燃油供给系统

燃油供给系统供给喷油器一定压力的燃油，喷油器则根据微电脑指令喷油。

② 空气供给系统

空气供给系统简称空气系统，其作用是根据发动机的工作状况提供适量的空气，同时向 ECU 传递此信息，并根据 ECU 的指令完成空气量的调节。

③ 控制系统

ECU 根据空气流量计信号和发动机转速信号确定基本的喷油时间，再根据其他传感器对喷油时间进行修正，并按最后确定的总喷油时间向喷油器发出指令，使喷油器喷油或断油。

2．电控燃油喷射系统的类型

（1）按喷射方式分类

同时喷射——将各汽缸的喷油器并联，所有喷油器由微电脑的同一个指令控制，同时喷油，同时断油，如图 1-1（a）所示。

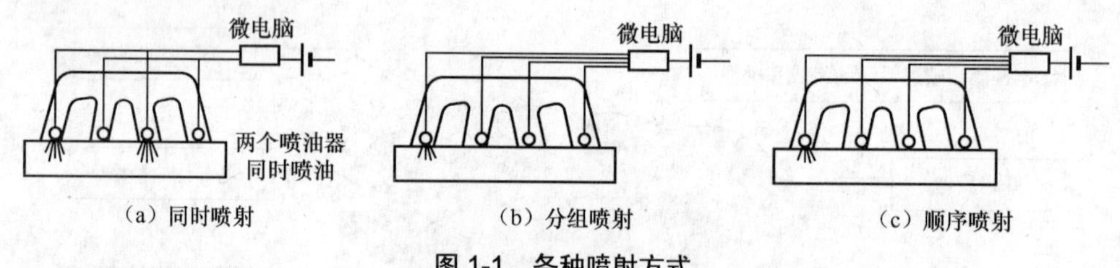

（a）同时喷射　（b）分组喷射　（c）顺序喷射

图 1-1　各种喷射方式

分组喷射——将各汽缸的喷油器分成几组，同一组喷油器同时喷油或断油，如图 1-1 (b) 所示。

顺序喷射——喷油器由微电脑分别控制，按发动机各个汽缸的工作顺序喷油，如图 1-1（c）所示。

（2）按空气量的计量方式分类

D 型电控燃油喷射系统——利用进气管绝对压力传感器检测压力的大小，微电脑通过运算转化成进气量，再根据进气量和发动机转速确定基本喷油量，如图 1-2 所示。

L 型电控燃油喷射系统——利用空气流量计直接测量发动机的进气量，微电脑不必进行推算，可根据空气流量计信号计算与该空气量相应的喷油量（比 D 型更精确），如图 1-3 所示。

（3）按喷射位置分类

多点喷射系统——每个汽缸的进气门处装有一个中央喷射装置，由 ECU 控制喷射。其燃油分配均匀性好，但控制系统复杂，成本高，主要用于中、高级轿车，如图 1-4 所示。

单点喷射系统——在节气门上方装一个中央喷射装置，由 1～2 个喷油器集中喷油。其结构简单、故障少、维修调整方便，广泛应用于普通轿车和货车，如图 1-5 所示。

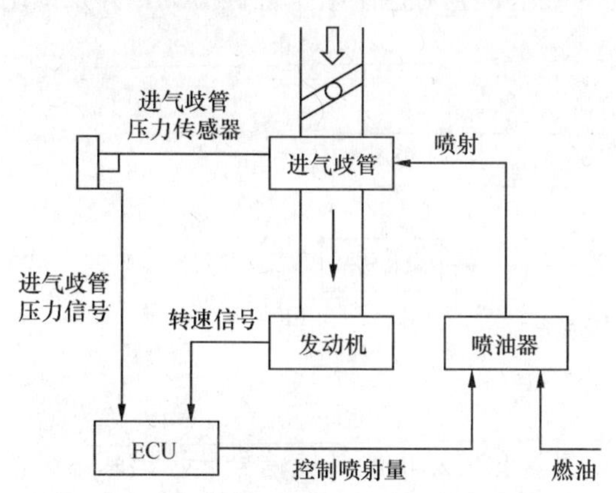

图 1-2　D 型电控燃油喷射系统的工作原理

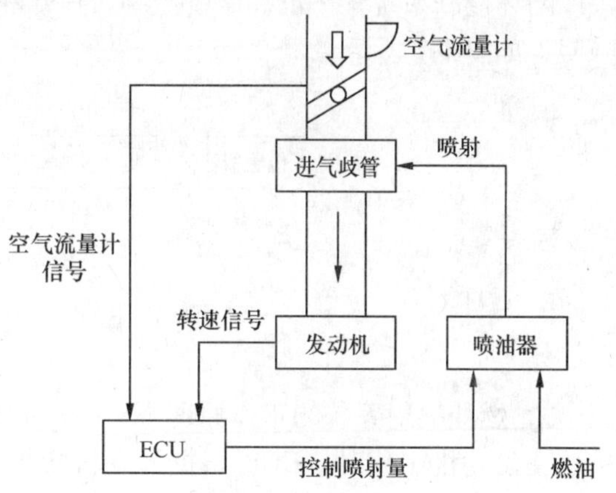

图 1-3　L 型电控燃油喷射系统的工作原理

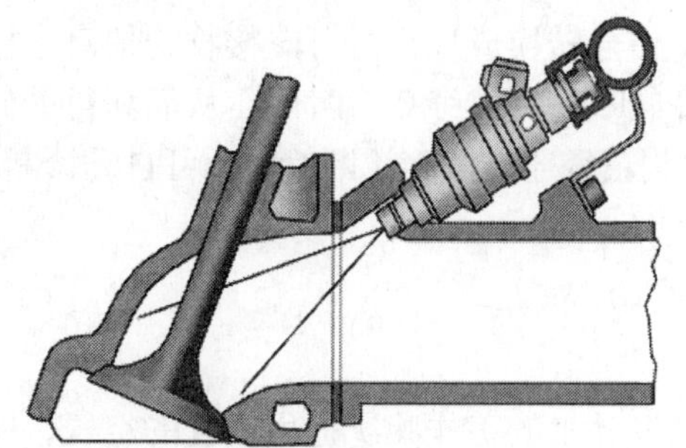

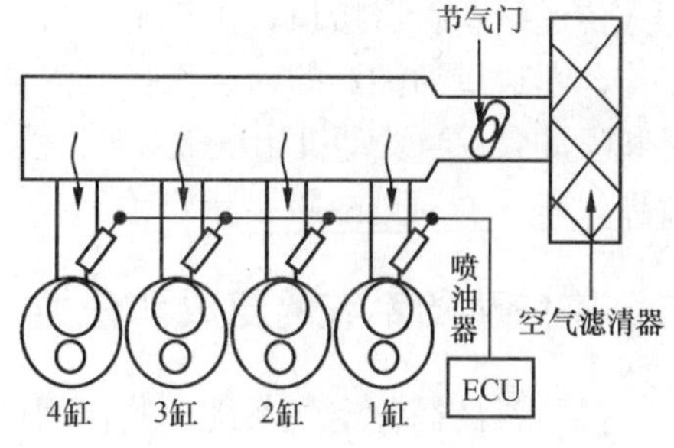

图 1-4　多点喷射系统

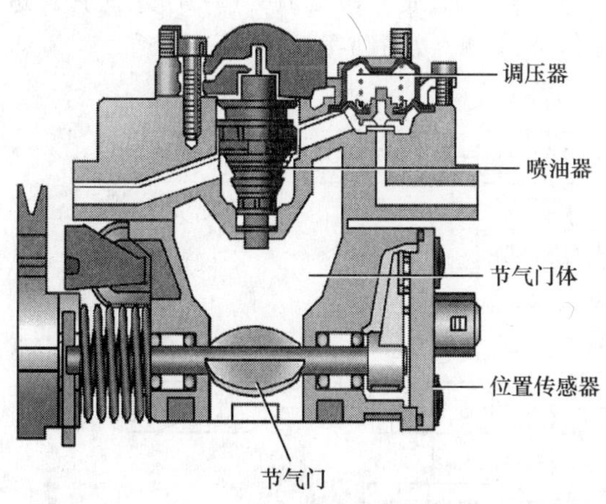

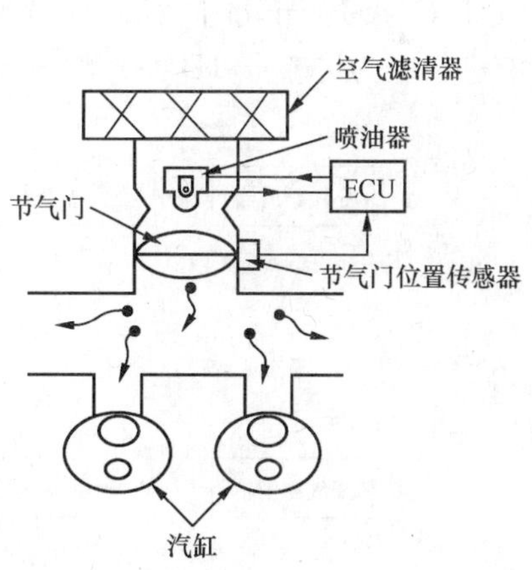

图 1-5　单点喷射系统

（4）按有无反馈信号分类

开环控制系统——ECU 根据传感器的信号对执行器进行控制，但不去检测控制结果，如图 1-6 所示。

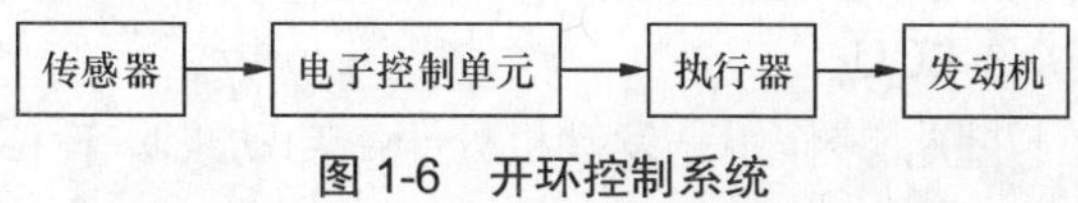

图 1-6　开环控制系统

闭环控制系统——也称反馈控制，在开环的基础上，它对控制结果进行检测，并反馈给ECU，如图1-7所示。

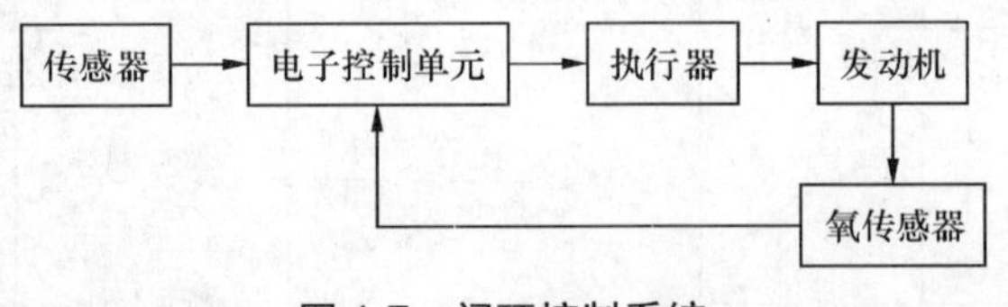

图1-7　闭环控制系统

3．燃油喷射系统的工作原理

在发动机工作时，ECU根据发动机吸入的空气量和发动机的转速信号计算出基本燃油喷射正时和基本燃油喷射持续时间，再由各传感器电路传来的信息对基本喷油正时和基本燃油喷射持续时间进行修正，最后得出理想的喷油正时和燃油喷射持续时间，并将其以数字信号的形式传递给执行器接口，接口电路再将数字信号转换成执行器可以接收的信息来控制执行器工作，即通过喷油器的回路来控制喷油器开始喷射和持续喷射时间，从而获得最佳的喷油正时和喷油量。当发动机出现故障时，电子控制系统还有故障诊断功能，可自动诊断故障，保存故障代码，并通过故障指示灯输出。

二、空气供给系统的组成和分类

空气供给系统简称空气系统，其作用是根据发动机的工作状况提供适量的空气，同时向ECU传递此信息，并根据ECU的指令完成空气量的调节。进气系统主要由空气滤清器、空气流量计（L型）、节气门、怠速控制阀和进气歧管等组成，如图1-8（a）所示。并在进气道内设有进气压力传感器（D型）和进气温度传感器等，如图1-8（b）所示。

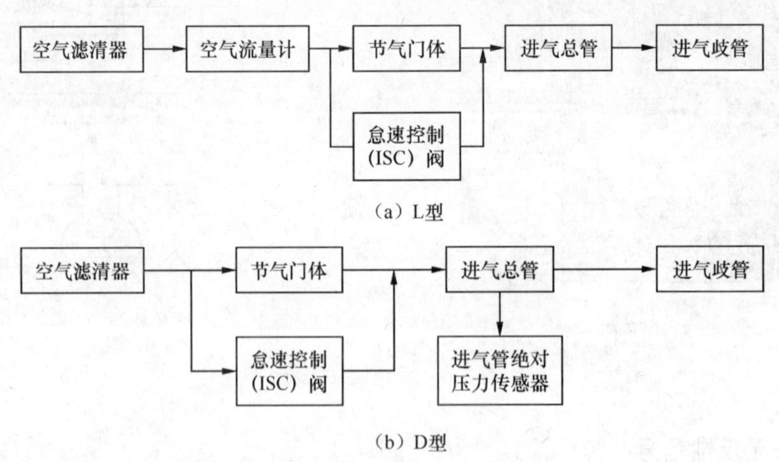

图1-8　空气供给系统方框图

节气门的开度大小由加速踏板控制，同时节气门的开度大小和位置由节气门位置传感器测量，作为负荷信号输送给ECU。

怠速控制阀与节气门并联，其作用是发动机处于冷启动或暖车工况时，提供额外的空气，绕过节气门，发动机产生快怠速，使发动机以稳定的怠速运转。

D 型喷射系统由于没有空气流量计，其进气系统结构简单，应用比较广泛。

L 型喷射系统对空气量的测量更精确，应用也比较广泛，如图 1-9 所示。

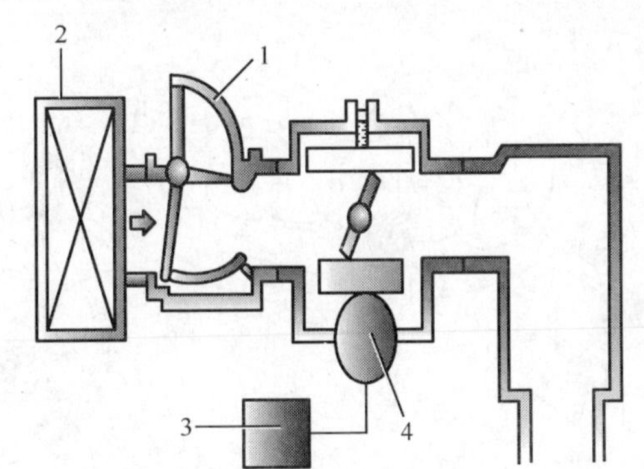

1—空气流量计；2—空气滤清器；3—电子控制单元；4—怠速控制阀

图 1-9 L 型空气供给系统

三、空气供给系统零件的构造

1．空气滤清器

空气滤清器用于滤除空气中的灰尘，一般都为纸质滤芯，其结构与普通发动机相同。

2．节气门体

节气门体安装在进气管中，来控制发动机在正常工况下的进气量，主要由节气门和怠速空气道等组成。节气门位置传感器装在节气门轴上，来检测节气门的开度。有的汽车上还设有副节气门和副节气门位置传感器。

D 型多点喷射系统节气门体如图 1-10 所示，L 型多点喷射系统节气门体如图 1-11 所示，单点喷射节气门体如图 1-12 所示。

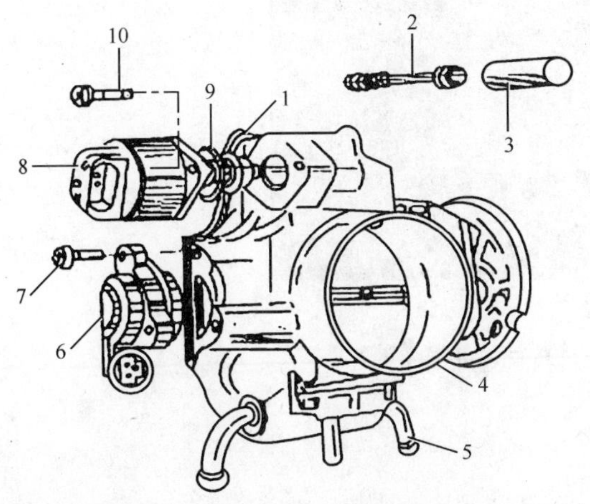

1—节气门衬垫；2—节气门限螺钉；3—螺钉孔护套；4—节气门体；
5—加热水管；6—节气门位置传感器；7—螺钉；
8—怠速控制阀；9—O 形密封圈；10—螺钉

图 1-10 D 型多点喷射系统节气门体

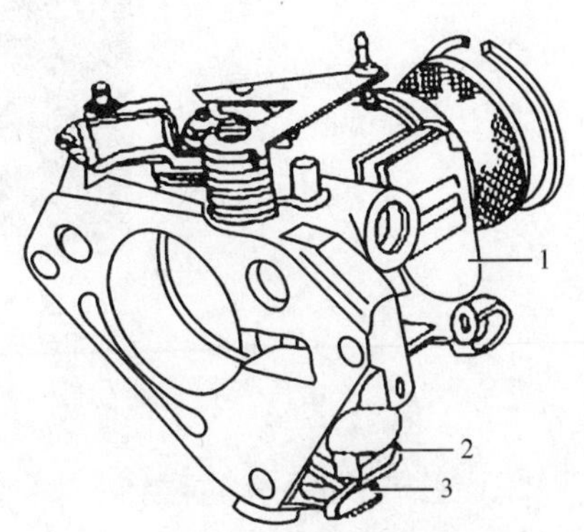

1—空气流量计；2—怠速控制阀；
3—节气门位置传感器

图 1-11 L 型多点喷射系统节气门体

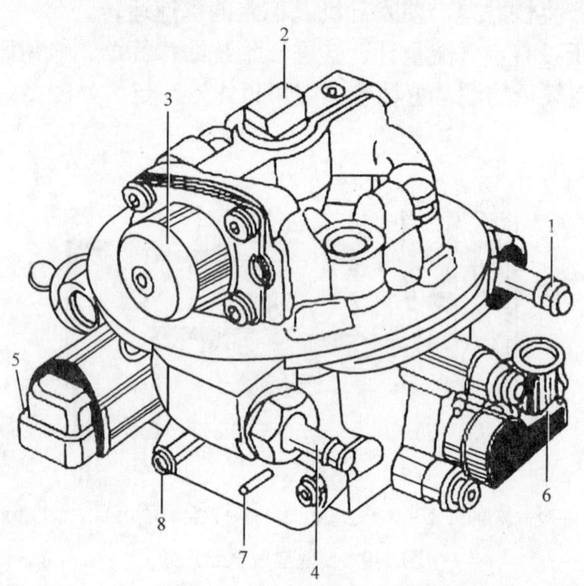

1—进油管接头；2—喷油器；3—燃油压力调节器；4—回油接头；5—怠速控制阀；
6—节气门位置传感器；7—真空管接头；8—活性炭管接头

图 1-12　单点喷射系统节气门体

3．进气管

在多点电控燃油喷射式发动机上，为了消除进气波动和保证各个汽缸的进气均匀，对进气总管和进气歧管的形状、容积都有严格的要求，每个汽缸必须有一个单独的进气歧管。有些发动机的进气总管与进气歧管制成一体（如图 1-13 所示），有些则是分开制造再用螺栓连接。

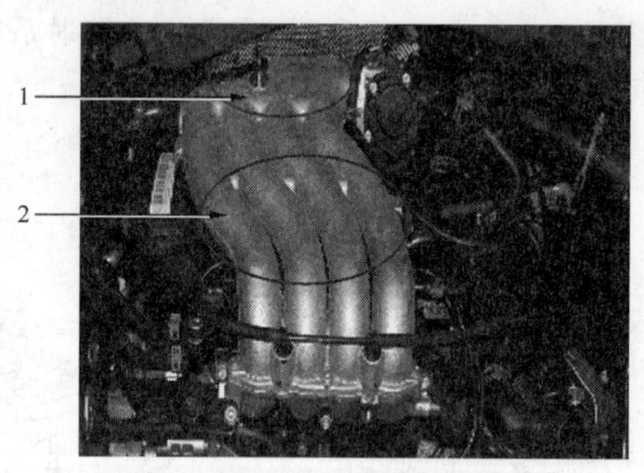

1—进气总管；2—进气歧管

图 1-13　进气总管和进气歧管

四、空气供给系的检修

维修时应注意进行以下检查事项。

① 检查空气滤清器滤芯是否脏污，必要时用压缩空气吹净或更换。

② 进气系统漏气对电控燃油喷射发动机的影响比对化油器式发动机的影响大。检查各

连接部位应连接可靠，密封垫应完好。

③ 检查节气门内腔的积垢和积胶情况，必要时用清洗剂进行清洗。

注意：绝对不能用砂纸和刀片清理积垢和积胶。

第二部分 任务实施

在任务实施中，将学习空气供给系统的目测检查、空气供给系统漏气的故障现象，并分析原因。

空气供给系统发生故障时，往往导致汽车的动力差，急加速回火（熄火），怠速不稳，怠速过高等。

一、工具准备

在实施工作前，每小组按表1-1准备好完成本任务所需的资料、工具。

表1-1 工具准备

资料、工具的名称	数 量
电控发动机台架	1台
空气供给系统组件	1套
万用表	2个
示波器	1台
维修导线	1扎
常用工具	1套

二、技术要求与标准

① 所有操作符合安全操作要求。

② 所有操作符合发动机空气供给系统维修技术标准。

③ 在操作过程中不允许出现安全事故。

三、要完成的工作

1．目测检查。

检查空气滤清器是否堵塞，检查进气软管是否破损、有无裂纹，检查进气总管和进气歧管之间的密封垫是否破损，检查进气管和节气门连接是否松动。

2．节气门前漏气的检查。

① 启动发动机，观察发动机故障。若节气门前漏气，对于L型电控燃油喷射系统会导致混合气稀薄，怠速不稳，动力性差，急加速回火，启动后熄火。由于漏气，空气流量计检测到的空气量少于实际进气量，按标准混合气浓度计算，减少了喷油量，造成混合气过稀。对D型电控燃油喷射系统无任何影响。因为进气压力传感器检测到的真空度不变，按标准混合气的浓度计算，喷油量不变。

② 检查方法：启动发动机，用化油器清洗剂喷在怀疑有漏的地方，观察发动机的转速是

否有变化，如果转速升高则说明有泄漏。

3．节气门后漏气的检查。

① 启动发动机观察发动机故障。若节气门后漏气，对于L型电控燃油喷射系统，会导致怠速不稳，动力性差，急加速回火，启动后熄火，混合气稀。原因是空气流量计检测到的空气量少于实际进气量，按标准混合气浓度计算，减少了喷油量。对D型电控燃油喷射系统，会导致怠速过高（进气量过大）。原因是由于漏气，进气压力传感器检测到的真空度变小，进气量变大，按标准混合气的浓度计算，增加喷油量但浓度不变，造成怠速过高。

② 检查方法：启动发动机，用化油器清洗剂喷在怀疑有漏的地方，观察发动机转速是否有变化，如果转速升高则说明有泄漏。

4．某汽缸进气歧管与汽缸盖处漏气会导致漏汽缸工作不良或不工作。

任务评价

一、自我评价

1．简述空气供给系统的工作原理。

2．汽缸压力过低，若是空气供给系统的问题，应是什么原因？

3．自己对学习本任务的自我评价（包括着装、学习态度、知识以及技能掌握程度、工作页的填写情况等）。

二、小组评价

序　号	评价项目	评价情况		
		好	中	差
1	团队合作精神			
2	学习是否积极主动			
3	服从工作安排的情况			
4	工具、仪器的使用情况			
5	工具整理、现场清理的情况			

三、教师评价

序　　号	评 价 项 目	评 价 情 况		
		好	中	差
1	出勤情况			
2	着装情况			
3	课堂秩序			
4	学习是否积极主动			
5	任务书填写			
6	工具、仪器的使用情况			
7	工具整理、现场清理的情况			

任务二　燃油供给系统的检修

学习目标

◇ 掌握燃油供给系统的作用和组成。
◇ 掌握各部件的结构和检修。
◇ 掌握燃油供给系统常见故障的检修方法。
◇ 能够规范地进行电控燃油喷射系统的电路检修。
建议完成本任务的学时为 12 学时。

内容结构

任务描述

一辆汽车发动机由于燃油供给系统工作不良会导致发动机性能故障。汽车机电维修工根据维修前台接待提供的维修工单，在汽车机电维修工位以及规定工时内以经济的方式按照专业要求使用通用工具、发动机维修专用工具、设备和汽车维修资料等，完成发动机燃油供给系统的故障诊断与维修。按照标准规范对汽车发动机燃油供给系统进行的维护、拆卸、检查、修理、安装和调整等工作。对已完成的工作进行记录存档，保持工作场地满足安全作业及5S工作要求。

第一部分 任务学习引导

一、燃油供给系统的组成、安装位置

燃油供给系统是由电动燃油泵、燃油滤清器、燃油压力调节器、脉动阻尼器及油管组成的，如图1-14所示，各元件安装位置如图1-15所示。

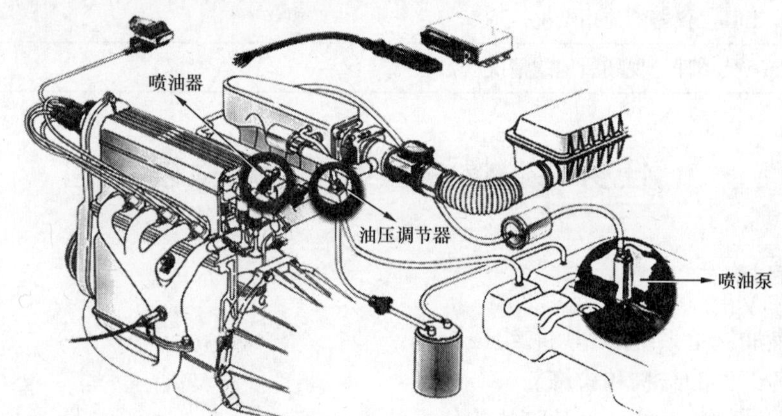

图1-14 燃油供给系统的组成

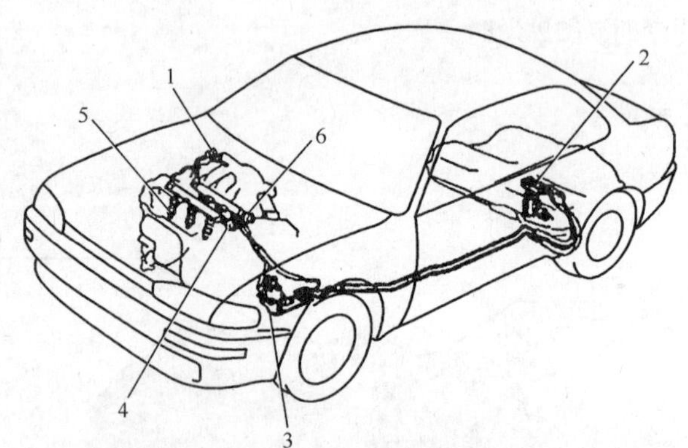

1—冷启动喷油器；2—燃油泵；3—燃油滤清器；4—燃油压力调节器；
5—喷油器；6—燃油脉动阻尼器

图1-15 燃油系统各元件位置（丰田佳美3VZ-FE）

二、燃油供给系统各零部件的原理

1．电动燃油泵的原理与检修

电动燃油泵的作用是将汽油从油箱中吸出，供给燃油系统足够的具有规定压力的汽油。电控汽油喷射系统的压力在多点喷射为0.25～0.35MPa，单点喷射为0.1MPa。

电动汽油泵的安装位置主要有两种，即安装在供油管路中和安装在汽油箱内。但后者的应用非常广泛，电动汽油泵通常用固定在油箱上的油泵支架并垂直地悬挂在油箱内。电动汽油泵主要是由泵体、永磁式直流电动机和壳体3部分组成，另外还装有安全阀和单向阀，如图1-16所示。

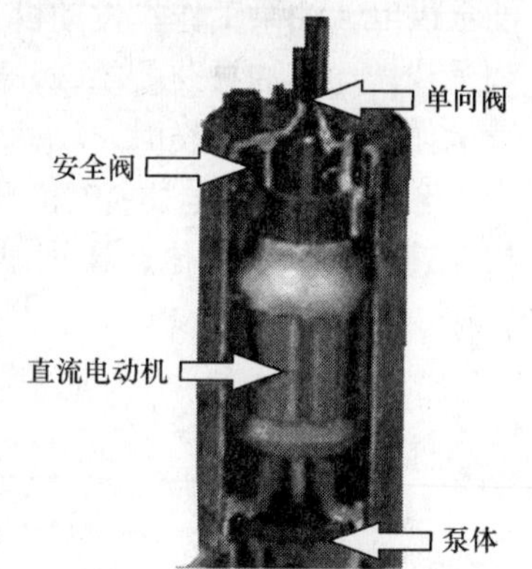

图1-16 电动汽油泵的组成

（1）电动燃油泵的控制

① ECU控制的燃油泵控制电路，主要应用在D型EFI和热式和卡门旋涡式空气流量计的L型EFI系统中。

控制原理：如图1-17所示，燃油泵控制ECU根据发动机ECU端子FPC和DI的信号，控制+B端子与FP端子的连通回路，以改变输送给燃油泵的电压，从而实现对燃油泵转速的控制。

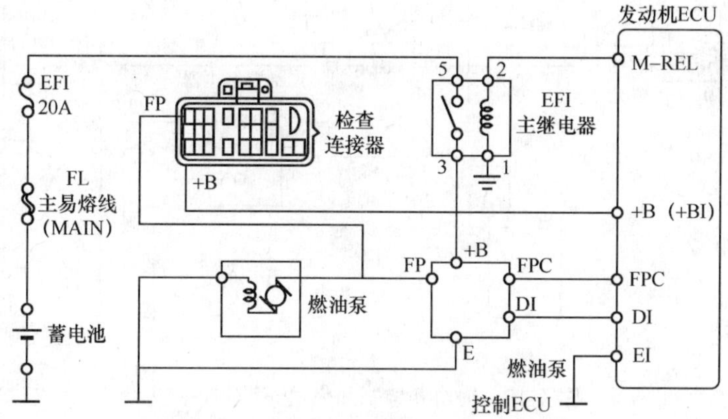

图1-17 ECU控制的燃油泵控制电路

② 燃油泵开关控制的燃油泵控制，主要用于叶片式空气流量计的L型EFI系统中。

控制原理：如图1-18所示，当点火开关ST端子接通时，启动机继电器线圈通电使触电

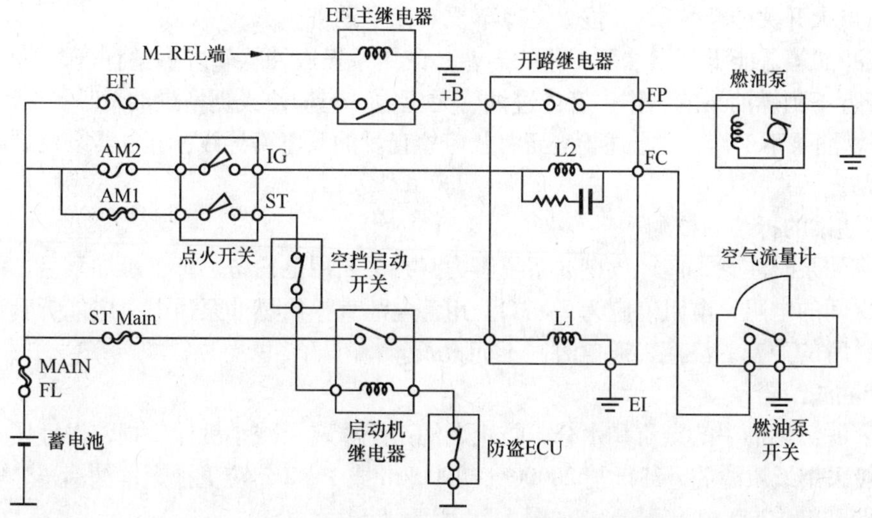

图1-18 燃油泵开关控制的燃油泵控制电路

闭合，此时开路继电器中 L1 线圈通电使其触电闭合，从而通过主继电器、开路继电器向燃油泵供电，油泵工作；发动机正常运转时，点火开关 IG 端子与电源接通，同时空气流量计测量片转动使油泵开关闭合，开路继电器 L2 通电，使开路继电器触电保持闭合，燃油泵继续工作。发动机停转时，L1 和 L2 线圈不通电，燃油泵停止工作。

③ 燃油泵继电器控制的燃油泵控制电路，如图 1-19 所示。此控制电路根据发动机的转速和负荷的变化，通过燃油泵继电器改变燃油泵的供电线路，从而控制燃油泵的工作转速。

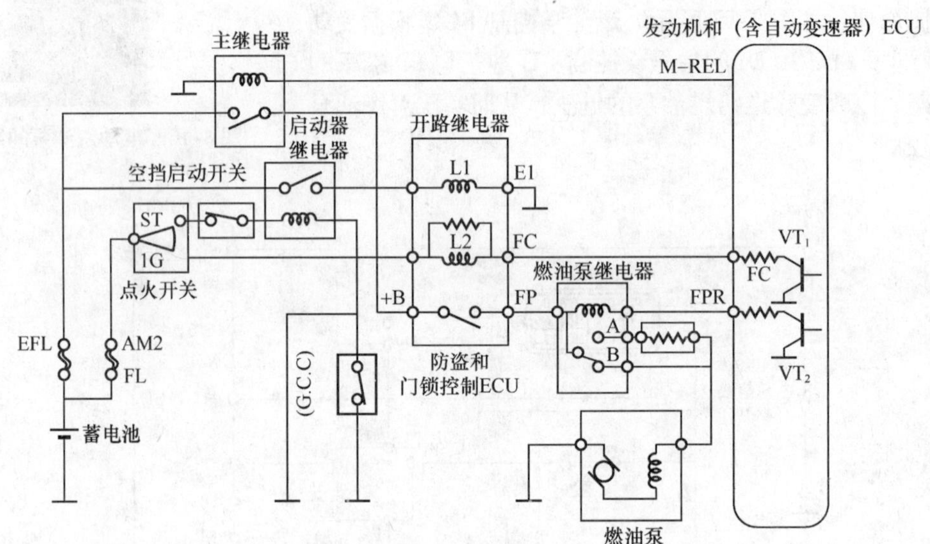

图 1-19　继电器控制的燃油泵控制电路

(2) 燃油泵的检修

① 燃油泵的就车检查

a．用专用导线将诊断座上的燃油泵测试端子跨接到 12V 电源。

b．将点火开关转至“ON”位置，但不要启动发动机。

c．旋开油箱盖能听到燃油泵工作的声音，或用手捏进油软管应感觉有压力。

d．若听不到燃油泵的工作声音或进油管无压力，应检修或更换燃油泵。

e．若燃油泵不工作，且上述检查正常，应检查燃油泵电路导线、继电器以及易熔线的熔丝有无断路。

② 燃油泵的拆装与检测

拆装燃油泵时注意，应释放燃油系统压力，并关闭用电设备。拆下燃油泵后，测量燃油泵两端子之间的电阻，电阻值应为 2～3Ω。用蓄电池直接给燃油泵通电，应能听到油泵电动机高速旋转时的声音。注意，通电时间不能太长。

2．燃油滤清器

功用：滤清燃油中的杂质和水分，防止燃油系统堵塞，减小机件磨损，保证发动机正常工作。一般采用纸质滤芯，每行驶 20000～40000km 或 1～2 年应更换燃油滤清器，安装时应注意燃油流动的方向，不能装反，如图 1-20 所示。

3．脉动阻尼器

(1) 功用

脉动阻尼器的作用是减小在喷油器喷油时，油路中的油压可能会产生微小的波动，使系统压力保持稳定。

(2) 组成

脉动阻尼器由膜片、回位弹簧、阀片和外壳组成。

(3) 原理

发动机工作时，燃油经过脉动阻尼器膜片的下方进入输油管，当燃油压力产生脉动时，回位弹簧被压缩或伸张，膜片下方的容积稍有增大或减小，从而起到稳定燃油系统压力的作用，如图 1-21 所示。

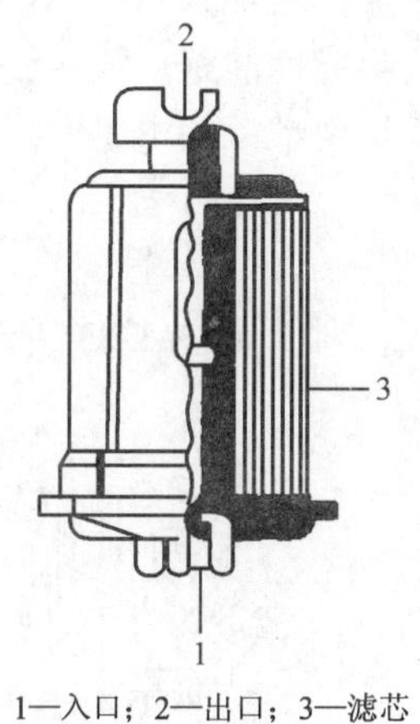

1—入口；2—出口；3—滤芯

图 1-20　燃油滤清器

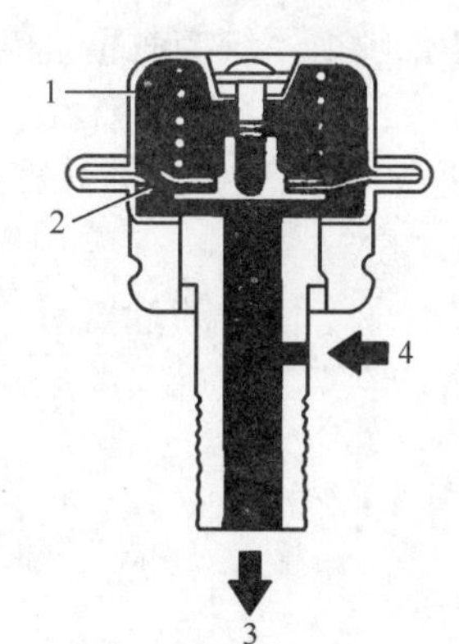

1—回位弹簧；2—膜片；3—出油口；4—进油口

图 1-21　脉动阻尼器

4．燃油压力调节器

(1) 作用

燃油压力调节器的作用是稳定燃油管的压力，使其与进气歧管之间的压力差保持恒定的 250～300kPa。燃油压力调节器主要由阀片、膜片、膜片弹簧和外壳组成，如图 1-22 所示。

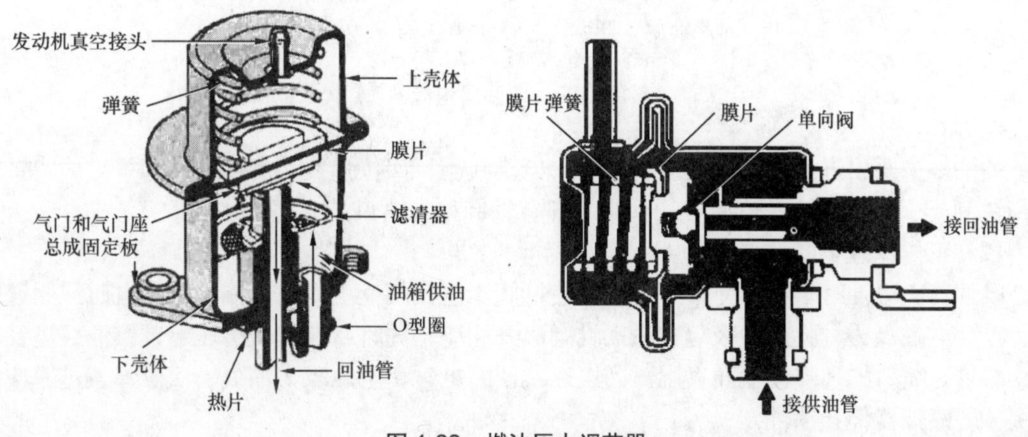

图 1-22　燃油压力调节器

(2) 原理

发动机工作时，燃油压力调节器膜片上方承受的压力为弹簧压力和进气管内气体的压力之和，膜片下方承受的压力为燃油压力。当压力相等时，膜片处于平衡位置。当进气管内气体的压力下降时，膜片向上移动，回油阀的开度增大，回油量增多，使输油管内燃油的压力也下降；反之，进气管内气体压力升高时，燃油的压力也升高。

在部分车型中，燃油压力调节器与进气管连接的真空管路中装有一个真空开关阀（VSV阀），又称为燃油压力控制阀，此阀是由ECU控制的电磁阀。

5．喷油器

喷油器，俗称喷嘴，通过绝缘垫圈安装在进气管或进气管附近的汽缸盖上，并由燃油分配管将其位置固定。其支座为橡胶成型件，起到隔热的作用，防止喷油器中的燃油产生气泡，有助于提高发动机的热启动性能，另外橡胶成型件也可以保护喷油器不受过高震动应力的作用。为了满足燃油喷射系统控制精度的要求，喷油器应抗阻塞性能好，抗污染能力强，燃油雾化性能好和动态流量范围大等优点。在电控系统喷射系统中都采用电磁喷油器，其功用是在ECU的控制下，把汽油喷入进气管或气道。

(1) 喷油器构造

按喷油口的结构不同，喷油器可分为轴针式和轴孔式两种，如图1-23所示。

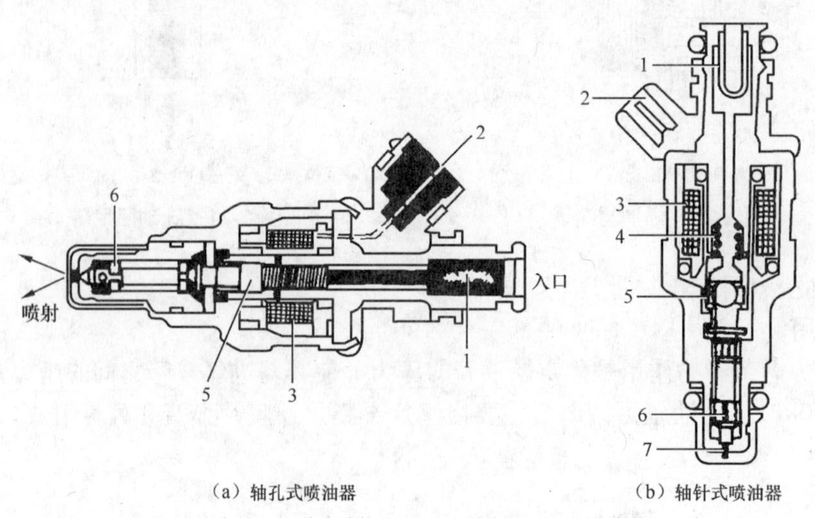

（a）轴孔式喷油器　（b）轴针式喷油器

1—进油滤网；2—线束连接器；3—电磁线圈；4—回位弹簧；
5—衔铁；6—针阀；7—轴针

图1-23　喷油器构造

喷油器主要由进油滤网、线束连接器、电磁线圈、回位弹簧、衔铁和针阀等组成，针阀与衔铁制成一体。轴针式喷油器的针阀下部有轴针伸入喷口。

(2) 工作原理

喷油器不喷油时，回位弹簧通过衔铁使针阀紧压在阀座上，防止滴油。当电磁线圈通电时，产生电磁吸力，将衔铁吸起并带动针阀离开阀座，同时回位弹簧被压缩，燃油经过针阀并由轴针与喷口的环隙或喷孔喷出。当电磁线圈断电时，电磁吸力消失，回位弹簧迅速使针阀关闭，喷油器停止喷油。

（3）喷油器的驱动方式

喷油器的驱动电路如图 1-24 所示。喷油器的驱动方式分为电流驱动和电压驱动两种。

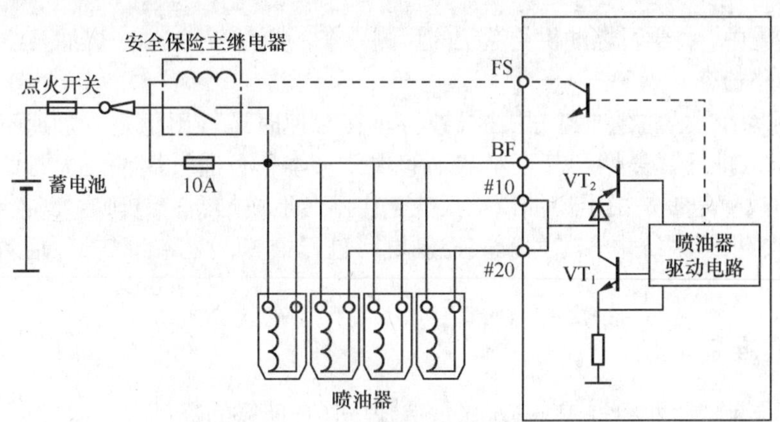

图 1-24 喷油器的驱动电路

① 电流驱动方式：电流驱动方式适用于低阻型喷油器，如图 1-25（a）所示。

② 电压驱动方式：电压驱动既可以用于低阻型喷油器［如图 1-25（b）所示］，也可用于高阻型喷油器［如图 1-25（c）所示］。

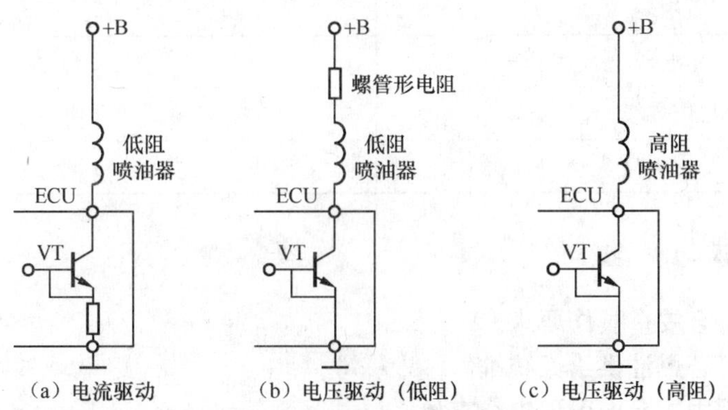

图 1-25 喷油器驱动方式

（4）喷油器的检修

当喷油器发生堵塞、滴漏等故障，但发动机 ECU 检测不到，使用故障检测仪也读不到喷油器的故障信息，此时可通过检测其电阻和电压进行判断。

① 简单检查方法：在发动机工作时，用手触或用听诊器检查喷油器针阀开启时的震动和声响，如感觉无震动或听不到声响，说明喷油器或其电路有故障。

② 喷油器电阻检查：拔下每只喷油器上的两端子线束插头，检测电磁线圈的标准值是否符合规定，如电阻值为无穷大，说明电磁线圈断路，应更换喷油器。

③ 喷油器滴漏检查：用专用设备检查，在 1min 内喷油器应无滴油现象。

④ 喷油量检查：用专用设备检查，检查 15s 内的喷油量应为 50～70mL。各汽缸喷油器的喷油量相差应不超过 10%。

第二部分　任务实施

在任务实施中，将学习燃油供给系统的目测检查、燃油压力检查、燃油泵控制电路检查、喷油器及其电路检查。

燃油喷射系统发生故障时，往往导致汽车在怠速时运转不稳定、加速不良、回火，汽车行驶无力、排气冒黑烟，甚至难启动等现象。本任务通过燃油压力测试，判断发动机电控系统的故障是否是由于燃油供给系统工作不良造成的。一旦确定燃油供给系统不正常，便需对燃油供给系统中各零件及其控制电路进行检查，找到故障部位后对其进行维修和更换。

一、工具准备

在实施工作前，每小组按表1-2准备好完成本任务所需的资料、工具。

表1-2　工具准备

资料、工具的名称	数　量
电控发动机台架	1台
燃油供给系统组件	1套
万用表	2个
示波器	1台
维修导线	1扎
常用工具	1套

二、技术要求与标准

① 所有操作符合安全操作要求。

② 所有操作符合燃油供给系统维修技术标准。

③ 在操作过程中不允许出现安全事故。

三、要完成的工作

具体实施包括燃油供给系统的目视检查、燃油压力检查、燃油泵控制电路检查、喷油器及其电路检查。

1. 目测检查

① 检查油箱是否有泄漏、有无腐蚀和油箱内是否生锈、是否损坏或者接缝是否有缺陷。

② 检查燃油管是否存在破裂、割伤、扭结，是否有轻度污染、老化、漏油，连接是否松动，是否稳固的安装，各接头处是否漏油。

③ 检查汽油滤清器的安装方向是否正确、接头处是否有泄漏。

④ 检查燃油压力调节器真空软管的连接是否正确。

2. 燃油压力检查

请按图1-26和图1-27所示的方法检修燃油压力。

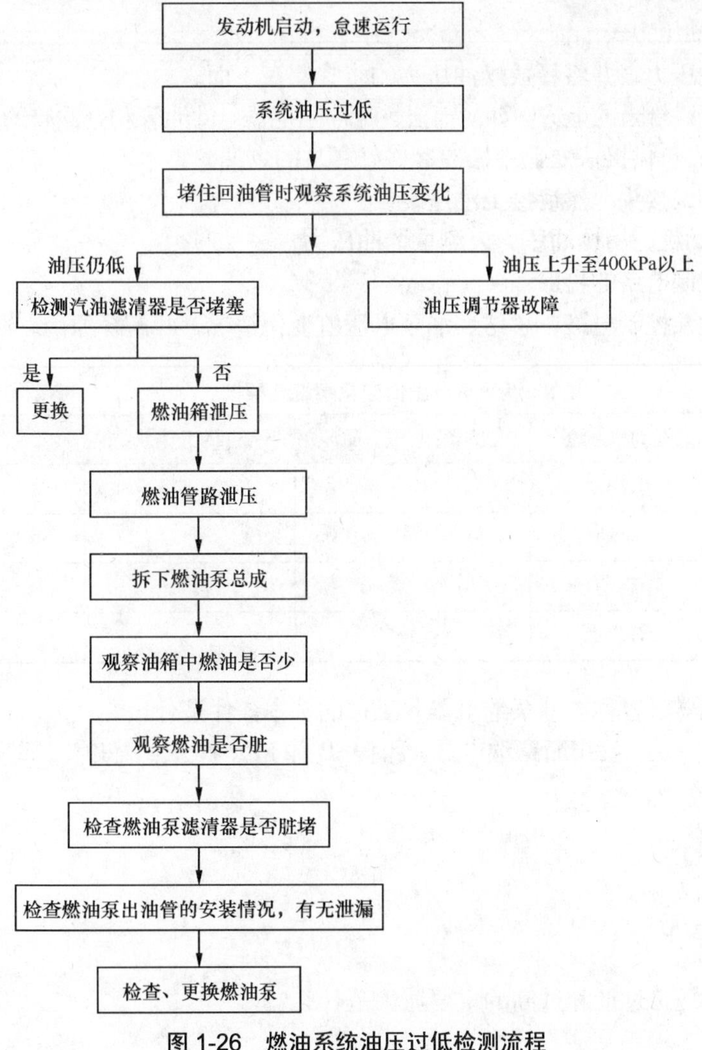

图 1-26　燃油系统油压过低检测流程

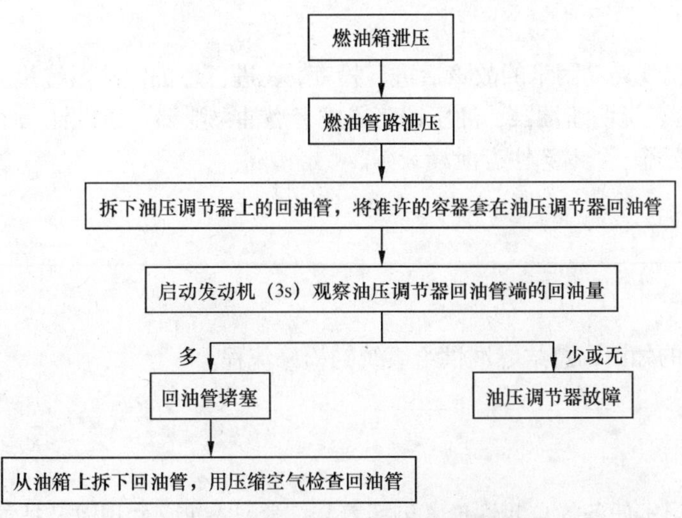

图 1-27　燃油压力过高的检测流程

3．燃油压力测试

（1）安装燃油压力表

① 释放燃油压力，并将释放燃油压力的步骤写在下面。

② 在燃油管路恰当的地方（如滤清器、脉冲阻尼器、供油管和分油管的连接处等）松开管路接头，用碎布包住接头处，用接油盆盛好释放的燃油。

③ 安装好测试接头，然后接上油压表。

（2）启动发动机，用燃油压力表测量燃油压力

4．燃油泵控制电路的检修

① 根据燃油泵控制电路，总结燃油泵电压值变化情况，并解释原因，并填写表 1-3。

表 1-3　燃油泵电压值变化情况及原因

点火开关位置	发动机状态	燃油泵电压（V）	燃油泵工作状态	原　因
“ON”	不启动			
“ST”	启动			
“ON”	启动			
“OFF”	不启动			

② 断路继电器（也称燃油泵继电器）工作的基本条件是什么？

③ 关掉点火开关，拔出断路继电器，跨接+B 和 FP，打开点火开关，燃油泵是否工作？解释原因。

任务评价

一、自我评价

1．导致燃油压力过低和过高的主要原因是什么？

2．某辆汽车出现启动困难的故障后进厂检查，在进行燃油供给系统检查时，发现残余油压出现明显的回落，说明喷油器、油压调节器或者燃油泵泄漏。请设计一个合理计划帮助维修技术人员判断是哪一个零部件有泄漏。

你的计划是：

3．根据所学的知识，总结燃油供给系统的检修流程。

4．自己对学习本任务的自我评价（包括着装、学习态度、知识以及技能掌握程度、工作

页的填写情况等)。

二、小组评价

序　号	评价项目	评价情况		
		好	中	差
1	团队合作精神			
2	学习是否积极主动			
3	服从工作安排的情况			
4	工具、仪器的使用情况			
5	工具整理、现场清理的情况			

三、教师评价

序号	评价项目	评价情况		
		好	中	差
1	出勤情况			
2	着装情况			
3	课堂秩序			
4	学习是否积极主动			
5	任务书填写			
6	工具、仪器的使用情况			
7	工具整理、现场清理的情况			

任务三　发动机控制系统的检修

◇ 掌握各种传感器的基本原理。

◇ 识别传感器出现故障的现象。

◇ 能够对传感器进行检修。

建议完成本任务的学时为 18 学时。

内容结构

任务描述

一辆汽车由于发动机控制系统工作不良会导致发动机性能故障。汽车机电维修工根据维修前台接待提供的维修工单，在汽车机电维修工位以及规定工时内以经济的方式按照专业要求使用通用工具、发动机维修专用工具、设备和汽车维修资料等，完成发动机控制系统的故障诊断与维修。按照标准规范对汽车发动机控制系统进行维护、拆卸、检查、修理、安装和调整等工作。对已完成的工作进行记录存档，保持工作场地满足安全作业及 5S 工作要求。

第一部分　任务学习引导

一、发动机控制系统的组成

任何一种电子控制系统，其主要组成都可分为信号输入装置、电子控制单元（ECU）和执行零件 3 部分。

信号输入装置——各种传感器，采集控制系统的信号，并转换成电信号输送给 ECU。

电子控制单元（ECU）——给各传感器提供参考电压，接受传感器信号，进行存储、计算和分析处理后执行器发出指令。

执行零件——由 ECU 控制，执行某项控制功能的装置。

1．信号输入装置

传感器装在发动机各个位置的信号转换装置，用来检测发动机运行状态下的各种参数，并将其转化成电信号，再输送给 ECU，相当于发动机的“眼睛和耳朵”。

常见的传感器的安装位置及作用如下。

① 空气流量计—— 测量发动机的进气量，将信号输送给 ECU。安装在进气软管上（节气门前）。

② 进气管绝对压力传感器—— 测量进气管内气体的绝对压力，将信号输送给 ECU。安装在节气门体后方的进气总管上。

③ 节气门位置传感器—— 检测节气门的开度及开度变化，将信号输送给 ECU。安装在节气门体上。

④ 凸轮轴位置传感器——提供曲轴转角基准位置的信号。安装在凸轮轴前后或气门室盖上。

⑤ 曲轴位置传感器—— 检测曲轴转角位移，给 ECU 提供发动机转速信号和曲轴转角信号。安装在曲轴皮带轮或飞轮壳上。

⑥ 进气温度传感器—— 检测进气温度信号。安装在空气滤清器内或进气总管内。

⑦ 冷却液温度传感器—— 给 ECU 提供冷却液的温度信号。安装在上水管或主水道上(双线)。

⑧ 车速传感器—— 检测汽车的行驶速度，主要用于仪表盘的车速表显示及发动机怠速和汽车加速期间的空燃比控制等。一般安装在变速器输出轴上或组合仪表内。

⑨ 氧传感器—— 检测排气中的氧含量。安装在排气管前部分。

⑩ 爆燃传感器—— 检测汽油机是否爆燃及爆燃强度。安装在汽缸体上。

⑪ 空调开关——当空调开关打开，空调压缩机工作，发动机负荷加大时，由空调开关向 ECU 输入信号。装在仪表盘上。

⑫ 挡位开关——自动变速器由空挡挂入其他挡时，向 ECU 输入信号。装在变速器上。

⑬ 启动开关——发动机启动时，给 ECU 提供一个启动信号。装在变速器壳体上。

⑭ 制动灯开关—— 制动时，向 ECU 提供制动信号，点亮制动灯。装在制动踏板上。

⑮ 动力转向开关——当转向盘由中间位置向左右转动时，由于动力转向油泵工作而使发动机负荷加大，此时向 ECU 输入信号。装在转向盘上。

2．电子控制单元（ECU）

ECU 的作用是根据各传感器的信号确定发动机的运转状况和汽车运行状态，确定燃油喷射量和点火时刻。相当于发动机的“微电脑”，如图 1-28 所示。

图 1-28 电子控制单元（ECU）

ECU 主要由输入回路、模/数转换器（A/D 转换器）、微电脑和输出回路组成。在 ECU 外部，有很多端子，用来接收信号或者发出信号给执行器，如图 1-29 所示。

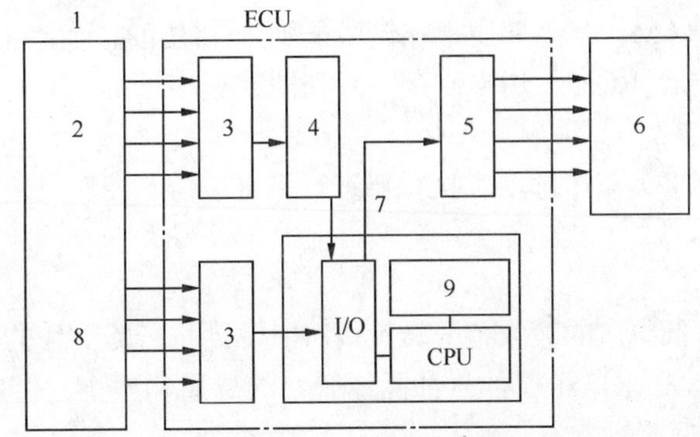

1—传感器；2—模拟信号；3—输入回路；4—A/D 转换器；5—输出回路；6—执行元件；
7—微电脑；8—数字信号；9—ROM/RAM 记忆装置

图 1-29 发动机控制系统的组成

（1）输入回路

微处理器只能识别 0～5V 的数字信号，但传感器输送给发动机的信号有两种，即数字信号和模拟信号。

对于模拟信号，输入回路的作用是将信号波形的杂波滤去；对于数字信号，其作用是削峰后转换成 0～5V 的方波状信号，如图 1-30 所示。

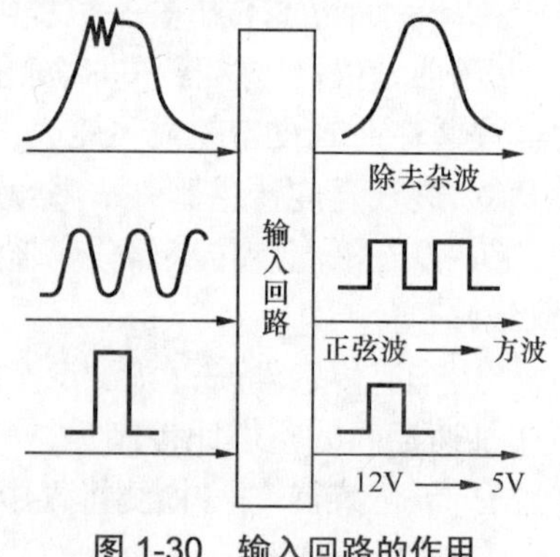

图 1-30　输入回路的作用

（2）A/D 转换器

传感器输送给 ECU 的信号有数字信号（如卡门旋涡式空气流量计信号、转速信号等）和模拟信号（如叶片式空气流量计信号、进气温度传感器信号、节气门位置传感器信号等）两种，如图 1-31 所示。数字信号可直接输入微电脑，但微电脑不能直接接受模拟信号，必须由 A/D 转换器转换成数字信号后再输入微电脑。

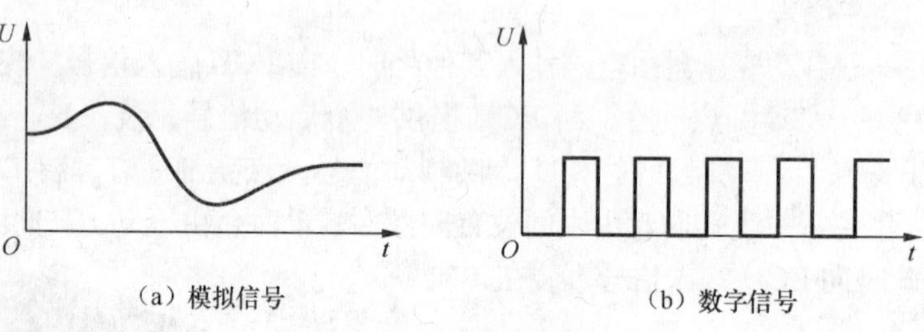

（a）模拟信号　　（b）数字信号

图 1-31　信号的类型

（3）微处理器

微处理器主要由中央处理器（CPU）、数据存储器（RAM 和 ROM）、输入输出接口（I/O）3 部分组成。

中央处理器（CPU）是整个控制系统的核心，所有的数据都要在 CPU 内进行运算。它主要由进行算术运算、逻辑运算的运算器，暂时存储数据的寄存器，按照程序执行各装置之间信号传送及控制任务的控制器等组成。当收到各传感器的信号后，中央处理器根据预先设定的要求进行算术运算和逻辑运算，并控制燃油喷射、点火、怠速以及排放等系统。

存储器主要用来存储信息资料。存储器一般分为两种，一种是既能读出又能写入的存储器，称为随机存储器 RAM，其主要用来存储微电脑操作的可变数据。另一种是只能读出的存储器，称为只读存储器 ROM，用来储存一系列控制程序，由厂家一次性写入，存储器中的内容不可更改。

输入/输出接口是 CPU 与传感器、执行器进行正常通信的控制电路，是微电脑中不可缺少的部分。

（4）输出回路

输出回路主要是将低电压的数字信号转换成可以驱动执行器工作的控制信号。一般是由 CPU 输出的信号控制大功率电子原件（如晶体管）的导通和截止，控制执行器的供电或搭铁，从而控制执行器的工作。

3．执行器

执行器用于接收 ECU 的指令，进行必要的动作，相当于发动机的“手和脚”。

执行零件包括喷油器、点火器、怠速控制阀、巡航控制电磁阀、节气门控制电动机、EGR阀、进气控制阀、二次空气喷射阀、活性炭罐排泄电磁阀、油泵继电器、风扇继电器、空调压缩继电器、自诊断显示与报警装置和仪表显示器等。

二、空气流量计（MAFS/AFM）

空气流量计是利用流量传感器直接测量吸入进气管的空气流量。它用于L型的发动机上，检测进气量的大小，并将进气量信息转换成电信号输入电控单元（ECU），以供ECU计算并确定喷油时间和点火时间，安装在空气滤清器和节气门体之间进气软管内。常用的空气流量计有叶片式、卡门漩涡式、热线式和热膜式等几种。

若空气流量计出现故障，会使发动机启动困难，发动机启动后怠速不稳，发动机加速时容易熄火。

1．叶片式空气流量计

（1）组成与工作原理

如图1-32所示，叶片式空气流量计主要由测量叶片、补偿板、回位弹簧、电位计和旁通气道组成，此外还包括怠速调整螺钉、油泵开关及进气温度传感器等。测量叶片和缓冲叶片制成一体，安装在空气流量计壳体内的转轴上，转轴的一端装有回位弹簧，电位计安装在空气流量计壳体的上方，电位计的滑动触点与测量叶片为同轴结构。

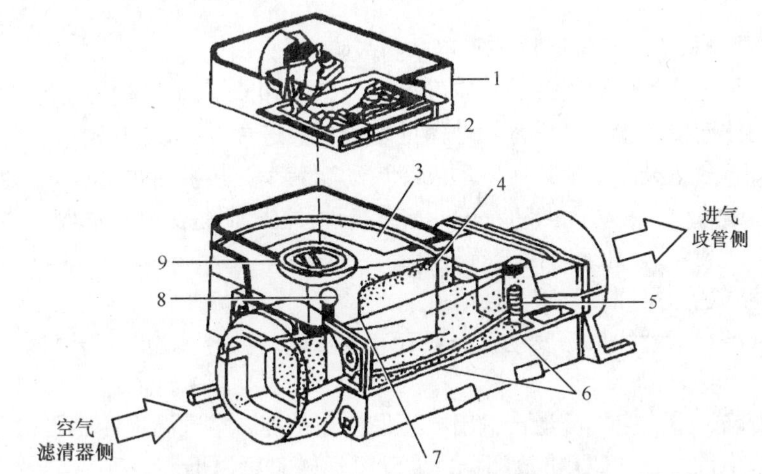

1—电位计；2—线束连接器；3—缓冲室；4—缓冲叶片；5—怠速调整螺钉；6—旁通空气道；
7—测量叶片；8—进气温度传感器；9—回位弹簧

图1-32 叶片式空气流量计

如图1-33所示，来自空气滤清器的空气通过空气流量计时，空气推力使测量叶片打开一个角度，当吸入空气推开测量叶片的力与弹簧变形后的回位力相平衡时，叶片停止转动。与测量板同轴转动的电位计检测出叶片转动的角度，将进气量转换成电压信号V_S送给ECU。

（2）电路图

叶片式空气流量计的电路图如图1-34所示，ECU通过V_C端子给空气流量计提供一个标准的5V电压，空气流量信号经V_S端子输入ECU，E_2为搭铁端子。

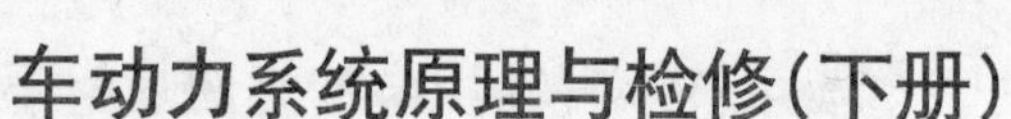

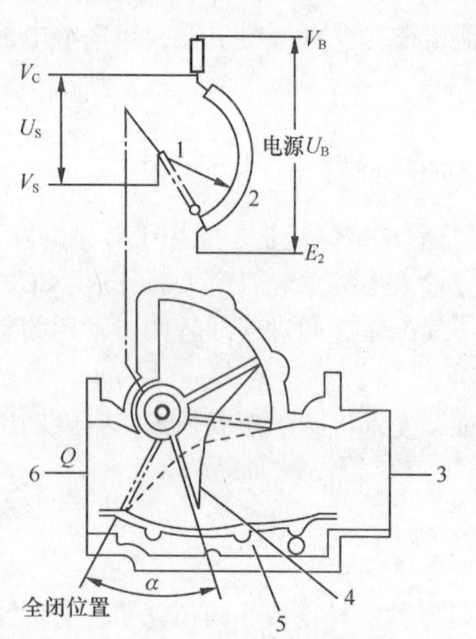

1—电位计滑臂；2—可变电阻；3—接进气管；4—测量叶片；5—旁通空气道；6—接空气滤清器

图 1-33　叶片式空气流量计工作原理

图 1-34　叶片式空气流量计的电路图

(3) 故障与检修

① 空气流量计与节气门体连接胶管不密封故障

叶片式空气流量计集燃油泵开关、空气温度传感器和 CO 调节等功用于一体。所以空气流量计与节气门体连接胶管的良好密封是保证正确计算进气量工作的必要条件。一旦胶管密封不严或损坏，常会造成以下故障：发动机冷启动能着车，热机后怠速熄火；发动机热启动着车后，怠速迅速熄火；发动机启动着车，怠速抖动，挂挡时熄火（自动变速器）；发动机怠速正常（经调 CO 装置），加速时混合气过稀产生回火。

② 叶片式空气流量计断线故障

叶片式空气流量计断线后，发动机一般存有故障码，内容多为以下几种。

a. 地线断路

由于地线断路，造成空气流量计输出电压保持在最高，空气温度传感器也保持在输出电压最高，微电脑供油过量，CO 排放超标，发动机运转时冒黑烟。

b. 供电火线断路

由于供电火线断路，空气流量计始终保持输出电压最低，发动机可以怠速运转，最高空转转速低于 2500r/min，加速无力。

c. 参考电压线断路

由于参考电压线断路，使空气流量计输出电压偏高，发动机排放 CO 严重超标。

d. 燃油泵开关损坏或开路

发动机启动时燃油泵供油，启动后，燃油泵继电器不工作，发动机熄火。

③ 叶片式空气流量计调整故障

叶片式空气流量计应保持叶片及滑道的清洁。在调整时，通过调节空气旁通道的开度即可调节发动机 CO 排放。当确认进气无漏气及叶片无卡滞现象时，调节 CO 以满足怠速尾气排放要求。

2．热式空气流量计

（1）组成和工作原理

20 世纪 80 年代后生产的日本日产公爵轿车和美国福特车系轿车多数采用热式空气流量计。热式空气流量计的主要元件是热线电阻，热式空气流量计可分为热线式和热膜式两种，其结构和工作原理基本相同。

如图 1-35 所示，热线式空气流量计主要由防护网、测试管、热线电阻丝（R_H）、温度补偿电阻（R_K）和控制电路板组成。热线电阻和温度补偿电阻安装在主进气道中，控制电路板安装在流量计下方。进气管连接侧的防护网用于防止回火和赃污进入流量计。

图 1-36 所示热线电阻 R_H 以铂丝制成，R_H 和温度补偿电阻 R_K 均置于空气通道中的取气管内，与 R_A、R_B 共同构成桥式电路。R_H、R_K 阻值均随温度变化。当空气流经 R_H 时，使热线温度发生变化，电阻减小或增大，使电桥失去平衡，若要保持电桥平衡，就必须使流经热线电阻的电流改变，以恢复其温度与阻值，精密电阻 R_A 两端的电压也相应变化，并且该电压信号作为热式空气流量计输出的电压信号送往 ECU。

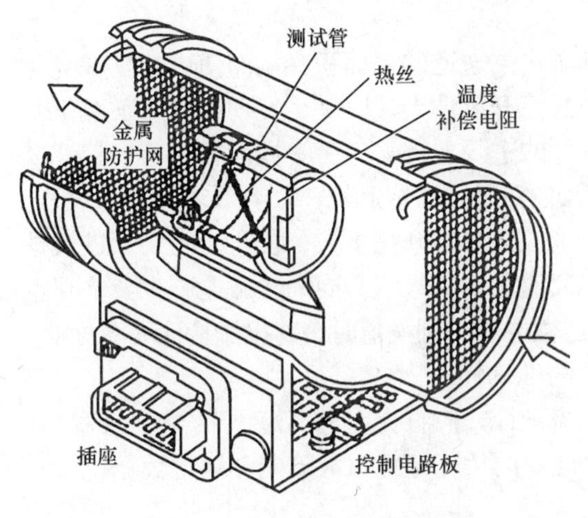

图 1-35 热线式空气流量计的结构

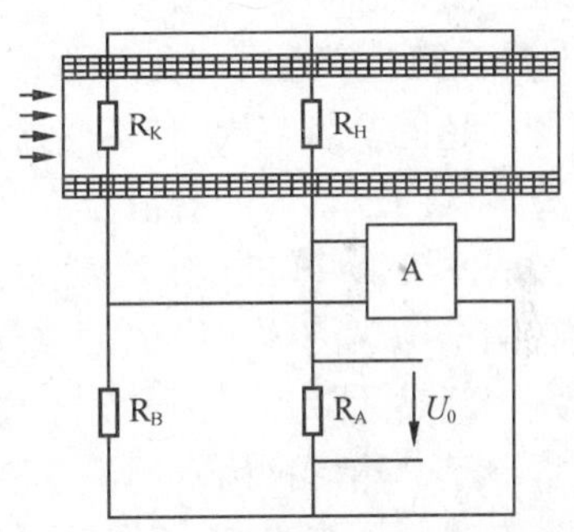

A—集成电路；R_H—热线电阻；R_K—温度补偿电阻；
R_A—精密电阻；R_B—电桥电阻

图 1-36 热线式空气流量计的工作原理

热膜式空气流量计的结构如图 1-37 所示，其工作原理与热线式相同。

（2）电路图

热线式空气流量计的电路如图 1-38 所示。

（3）故障与检修

热线式空气流量计的计量方式主要以空气质量为主，一般不受进气温度的影响。另外，由于它在开机和关机时需要自清洁，供电电压一般为 12V，信号参考电压为 5V，输出信号电压为 0.3～4.5V。

由于现代电控发动机 ECU 具备自学习和记忆功能，能对空气流量计的污染情况进行记忆修正（用输入值反馈信

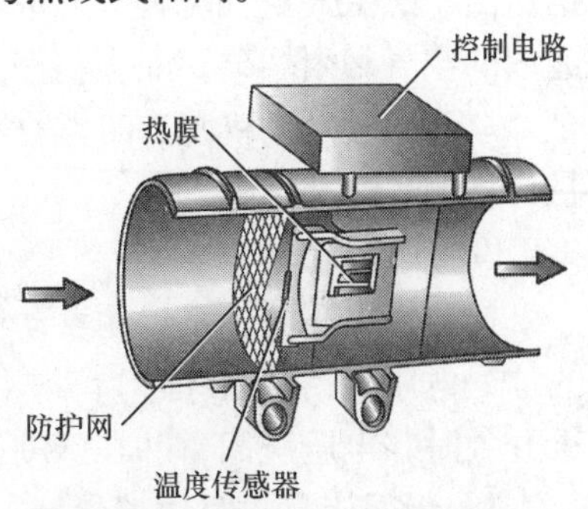

图 1-37 热膜式空气流量计的结构

号修正)。因此，在对系统进行检测时，要注意检查空气流量数据的变化情况，因为进气道漏气及节气门脏污将造成空气流量计数据失准，时常也会记忆故障码，所以不能简单凭故障码判断空气流量计是否损坏。

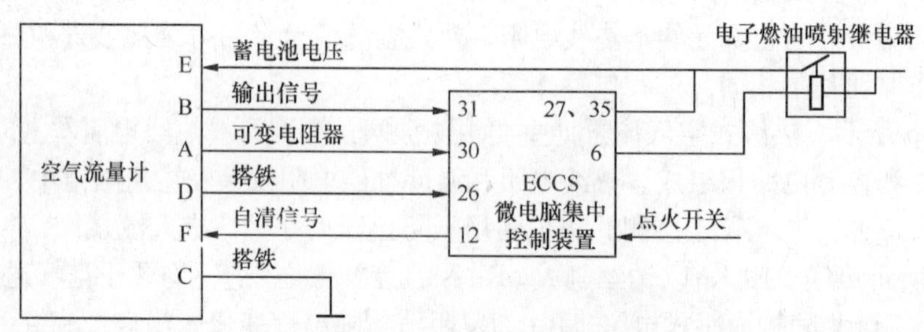

图 1-38 热线式空气流量计的电路

① 节气门过脏

汽缸及气门严重积炭造成发动机 ECU 记忆空气流量计故障及氧传感器故障，这个故障在大众系列车系较多（捷达、桑塔纳和奥迪等）。

之所以这样，是因为节气门过脏后直接影响了进气通道的截面积，从而使进气量减少。为了稳定发动机怠速转速，微电脑只能将电动节气门开度调大，以满足发动机怠速工况下对空气量的需求。微电脑一方面接收来自空气流量计的进气量信号，另一方面通过节气门开度与发动机转速来判断空气流量计准确程度，当两个计算差值超过预设值时，判断为流量计失准，便报空气流量计超值。当节气门严重污染时，节气门势必要开得更大，但此时的实际进气量并未增加，故节气门位置传感器信号值会高于空气流量计信号值。而同时微电脑也会修正空气流量计差值，但随着时间的延续，当修正值超过微电脑的预设值时，将报流量计失准故障。因此，应适时清洁节气门体，以保证空气流量计的准确性。

在汽车发生此类故障后，不要急于更换空气流量计，应首先对进气道、节气门、汽缸和气门进行免拆清洁，然后再用专用设备清除微电脑中的故障记忆（故障码和运行数据记录），并重新运行汽车进行初步设定，故障一般便可排除。

② 空气流量计进气流格栅故障

维修人员一般认为热线式空气流量计有了自洁功能后，热线部分便不易被污染，应该说这个观点是不对的。原因在于，曲轴箱蒸气及空气滤芯若过脏，空气流量计格栅也易受到污染。由于热阻式空气流量计是取中间部分空气进行采样计算，所以就要求进入空气流量计通道内的空气必须均匀。而当格栅过脏时，因空气在高速流动时产生扰流，空气不能被准确计量，从而导致发动机加速时混合空气过稀产生回火现象。这种情况下就需要正确清洁空气流量计格栅。

③ 线路故障

接通点火开关，不启动发动机，测 E 与 D、E 与 C 之间的电压为蓄电池电压。B 与 C 间的信号电压发动机工作时为 2～4V，发动机不工作时为 1.0～1.5V，F 与 D 之间的电压关闭点火开关时，电压应回 0 并在 5s 后有跳跃上升，1s 后再回 0，说明自洁信号良好。

3．卡门旋涡式空气流量计

卡门旋涡式空气流量计利用电子方法检测进气量，在气流通道中放一个柱体，气体通过时在柱体后产生许多涡旋。卡门旋涡式空气流量计按检测方式不同可分为反光镜（光学式）检测法和超声波检测法。

（1）反光镜（光学式）检测法

光学式卡门漩涡空气流量计的结构如图 1-39 所示。在进气道内设一锥形涡流发生器，当空气流经进气道时，会在涡流发生器的后部产生有规律的卡门漩涡，从而导致涡流发生器周围的空气压力发生变化，变化的压力经导压孔引向金属膜制成的反光镜使反光镜产生振动，其振动频率与涡流产生的频率相等，而涡流发生频率与空气流速成正比；反光镜再将发光二极管投射的光反射给光电管（光敏晶体管），通过光电管检测涡流发生的频率，并向 ECU 输入信号，ECU 则根据此信号确定发动机的进气量（体积流量等于流速与流通截面积之积）。

（2）超声波检测法

超声波检测法由超声波信号发生器、超声波发射探头、涡流稳定板、涡流发生器、整流器、超声波接受探头和转换电路组成。

卡门涡旋造成空气密度变化，受其影响，信号发生器发出的超声波到达接收器的时机或变早或变晚，测出其相位差，利用放大器使之形成矩形波，矩形的脉冲频率为卡门涡旋的频率，如图 1-40 所示。

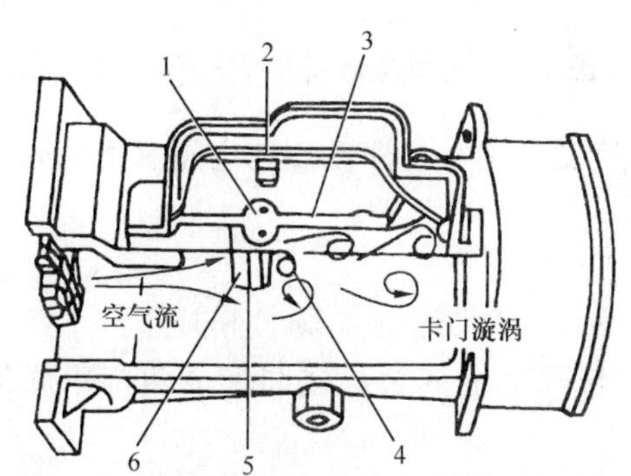

1—反光镜；2—发光二极管；3—钢板弹簧；
4—光电管；5—导压孔；6—涡流发生器

图 1-39 光学式卡门旋涡空气流量计

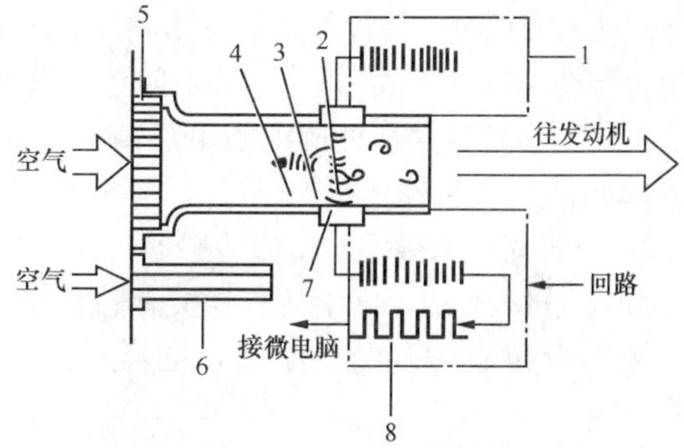

1—超声波信号发生器；2—超声波发射探头；3—涡流稳定板；
4—涡流发生器；5—整流器；6—旁通空气道；
7—超声波接收探头；8—转换电路

图 1-40 超声波式卡门涡旋空气流量计

（3）故障与检修

卡门旋涡式空气流量计是将经过传感器上端集成电路处理后的信号传送给微电脑，一般是以脉冲频率输出，故测量输出电压一般为 2.2～2.8V。当空气流量变化时，电压始终不变，而输出的脉冲频率发生变化，因此，不能根据测量电压高低确定流量变化。

此种空气流量计一般应注意以下两项的检查。

① 检查线路电压

供电电压应为 4.5～5.5V，信号电压为 2.2～2.8V，空气温度传感器开路时为 5V，短路时为 0.1V。

② 检查进气通道清洁及梳流格栅清洁性

空气通道及梳流格栅不清洁将直接影响空气流动的平稳性，特别是在发动机高速运转时，这些污染将造成空气产生震动而被记作流量信号，从而影响空气流量计的精度。

当微电脑报空气流量计故障后，不能用更换方法进行简单处理。要进行分析，找出影响空气流量计失准的原因，才能彻底解决故障，否则故障还会再次发生，造成返修事故。

三、进气管绝对压力传感器（IMAPS）

在 D 型电控燃油喷射系统中，进气管绝对压力传感器安装在节气门后方，进气总管内，测量进气管压力，并将信号输入 ECU，作为燃油喷射的主控制信号和点火控制的修正信号。若进气管绝对压力传感器出现故障，会使发动机启动困难，发动机启动后怠速不稳，发动机加速时容易熄火。

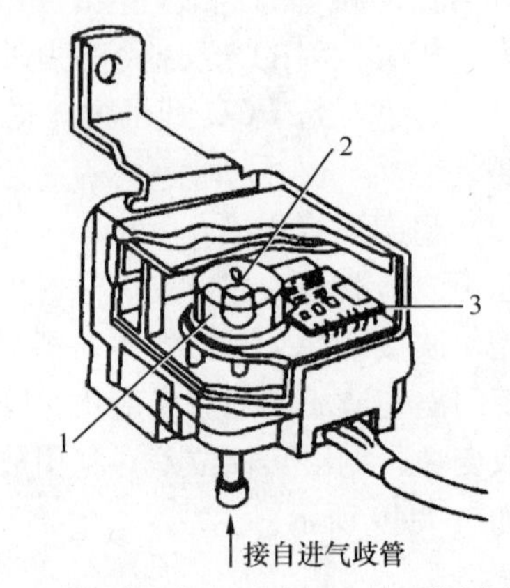

1—绝对真空室；2—硅片；3—IC 放大电路

图 1-41 压敏电阻式进气管绝对压力传感器

1．压敏电阻式进气管绝对压力传感器

压敏电阻式进气管绝对压力传感器的结构如图 1-41 所示，主要由绝对真空室、硅片和 IC 放大电路组成。硅片的一侧是真空室（绝对压力为 0），而另一侧承受进气管内的压力。在此压力作用下使硅片产生变形，由于真空室的压力是固定的，进气管绝对压力变化时，硅片的变形量不同。硅片是一个压力转换元件（压敏电阻），其电阻值随其变形量而变化，导致硅片所处的电桥电路输出电压发生变化，电桥电路输出的电压（很小）经 IC 放大电路放大后输送给 ECU。

2．电容式进气管绝对压力传感器

如图 1-42 所示，位于传感器壳体内腔的弹性膜片用金属制成，弹性膜片上、下两个凹玻璃的表面也均有金属涂层，这样在弹性膜片与两个金属涂层之间形成两个串联的电容。

电容式进气管绝对压力传感器利用电容效应检测进气管绝对压力。发动机工作时，进气管内的空气压力作用于弹性膜片，使弹性膜片产生位移，弹性膜片与两个金属涂层的距离发生变化，一个距离减小，另一个距离增大，在弹性膜片与两个金属涂层之间形成的两个电容的电容量也就一个增加，另一个减小。电容量的变化量与弹性膜片的位移成正比，而弹性膜片的位移取决于上、下两个空腔的气体压力，只要弹性膜片的上部空腔为绝对真空，下部空腔通进气管，则可通过检测电容量的变化来检测进气管的绝对压力。电容量的变化经检测电路转化成电压信号输送给 ECU，测量电路可以是电容电桥电路或谐振电路等。

3．进气管绝对压力传感器的电路与检修

图 1-43 所示为进气管绝对压力传感器的电路。ECU 通过 V_{CC} 端子给传感器提供标准 5V 电压，传感器信号经端子 PIM 输送给 ECU，E2 为塔铁端子。

在使用中将点火开关转至“ON”位，检查传感器电源电压（ECU 的 VCC 端子与 E2 之间的电压应为 5V 左右，否则应检查 ECU 或其连接线路是否有故障；拆开传感器与进气管连接的软管，用手动真空泵给传感器施加真空度，测量传感器输出的信号电压（ECU 的 PIM 端子与 E2 端子之间的电压），输出信号电压应随真空度增加（绝对压力减小）而下降，否则应更换传感器。

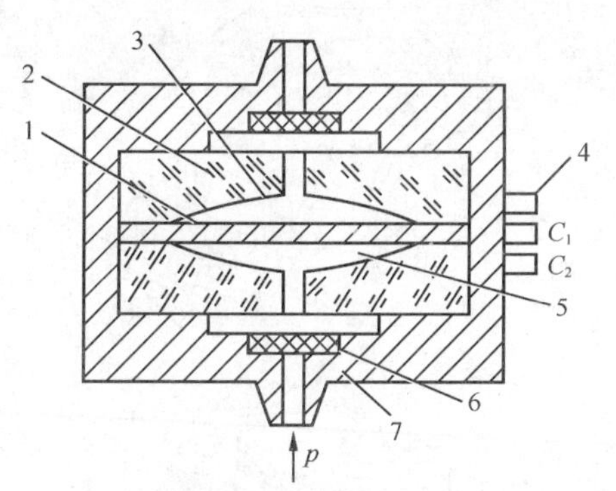

1—弹性膜片；2—凹玻璃；3—金属涂层；4—输出端子；5—空腔；6—滤网；7—壳体

图 1-42　电容式进气管绝对压力传感器

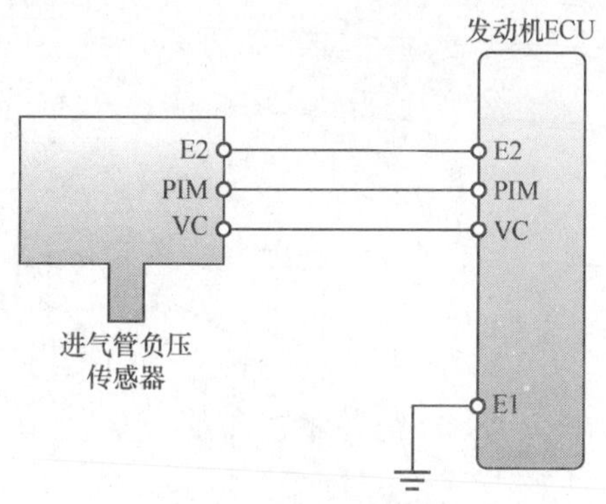

图 1-43　进气管绝对压力传感器的电路

四、节气门位置传感器（TPS）

节气门位置传感器检测节气门的开度及开度变化，此信号输入 ECU，控制燃油喷射及其他辅助控制（如 EGR、开闭环控制等）。节气门位置传感器安装在节气门体上，由节气门轴驱动，可分为电位计式、触电式和综合式 3 种。

节气门位置传感器若出现故障，发动机容易熄火或启动困难；怠速不稳，偏高或偏低；汽车起步发闯，发动机加速不良；无怠速等。

1．电位计式节气门位置传感器

电位计式节气门位置传感器是一个由节气门轴驱动电位计的传感器，如图 1-44 所示。ECU 通过 A 端子给传感器提供 5V 标准电压，节气门位置信号通过 B 端子输送给 ECU，C 端子搭铁。

利用触点在电阻体上的滑动来改变电阻值，测得节气门开度的线性输出电压（B、C 之间的电压），可知节气门的开度。全关时电压信号应约为 0.5V。随节气门增大，信号电压增强，全开时电压信号约为 5V。

2．触点式节气门位置传感器

触点式节气门位置传感器由滑动触点和两个固定触点（功率触点和怠速触点）组成。

节气门全关闭时，可动触点与怠速触点接触。当节气门开度达 50° 以上时，可动触点与怠速触点接触，检测节气门大开度状态，如图 1-45 所示。

触点式节气门位置传感器与 ECU 之间有 3 个连接端子，ECU 通过滑动触点端子给传感器提供电源，两个固定触点端子给 ECU 输送节气门位置的信号。在维修中，对触点式节气门位置传感器，可拆开传感器线束插接器，就车检查各端子之间的通断情况。检查滑动触点端子与怠速触点端子之间：节气门接近全关时应导通，节气门在其他位置时应不导通。检查滑动触点端子与全开触点子端子之间：节气门中小开度时应不导通，节气门接近全开时应导通。如果不符合上述要求，说明传感器内部断路或绝缘不良，应更换节气门位置传感器。

3．综合式节气门位置传感器

综合式节气门位置传感器由一个电位计和一个怠速触点组成，工作原理与前两种相同，其电路如图 1-46 所示。

图 1-44 电位计式节气门位置传感器

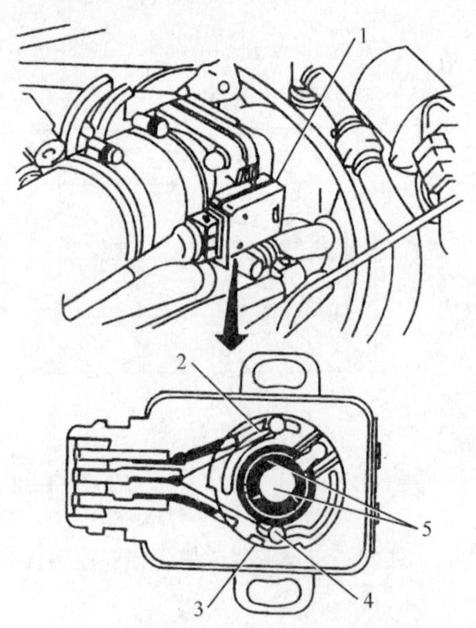

1—节气门位置传感器；2—怠速触点；3—全开触点；4—滑动触点；5—节气门轴

图 1-45 触点式节气门位置传感器

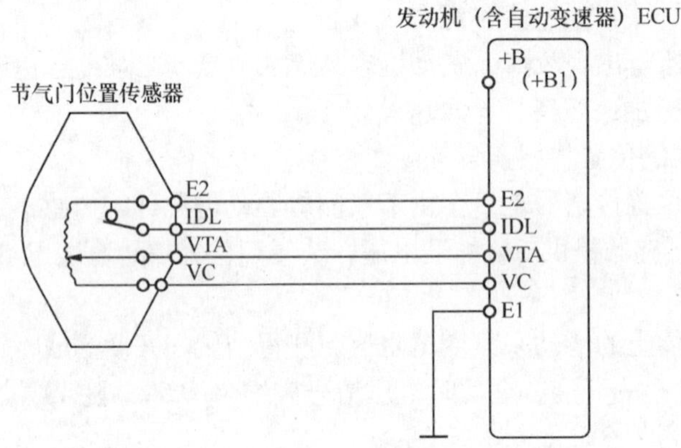

图 1-46 综合式节气门位置传感器的电路

4．故障与检修

若节气门传感器出现故障，可通过读取故障码来确定。然后用万用表检测节气门位置传感器，首先检查发动机 ECU 到传感器之间的 4 条连接线是否有断路现象，用万用表蜂鸣挡位检测导线的通断。

五、进气温度传感器（IATS）

进气温度传感器检测进气温度信号，作为燃油喷射和点火正时控制的修正信号。进气温度传感器若出现故障，发动机启动后怠速不稳，一会就恢复正常，没有太明显的故障现象，但发动机的油耗增加。

D 型进气温度传感器安装在空气滤清器或进气管内，L 型进气温度传感器安装在空气流量计内。其外形图和结构如图 1-47 和图 1-48 所示。

进气温度传感器的电路如图 1-49 所示。在 ECU 中有一标准电阻与传感器的热敏电阻串联，并由 ECU 提供标准电压，E2 端子通过 E1 端子搭铁。当热敏电阻随进气温度变化时，ECU 通过 THA 端子测得的分压值随之变化，ECU 根据此分压值判断进气温度。随着温度的升高，信号电压减小。

图 1-47 进气温度传感器外形图

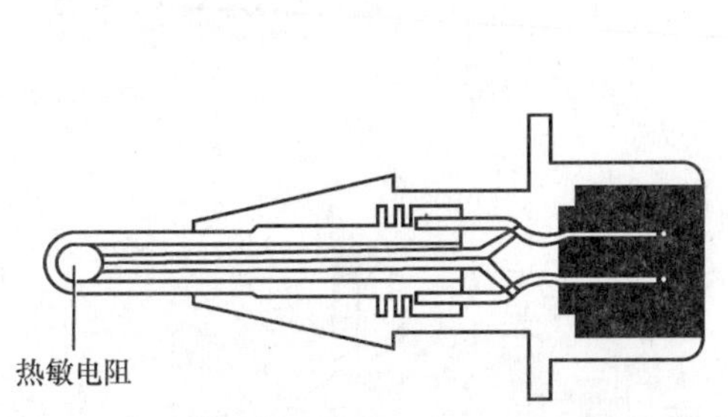

图 1-48 进气温度传感器的结构

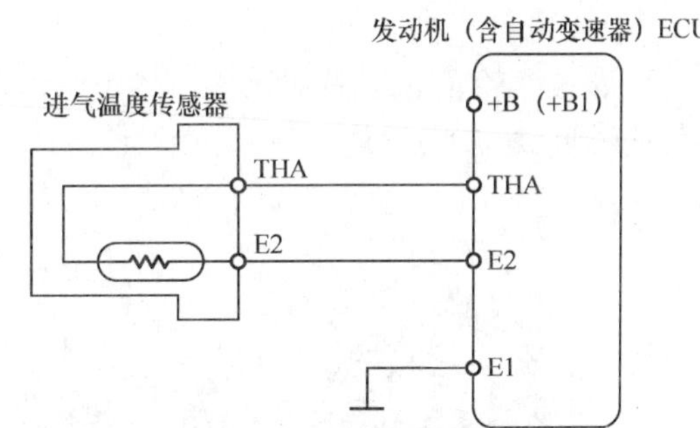

图 1-49 进气温度传感器的电路

使用中，拆开进气温度传感器线束插接器，检查两个端子之间是否断路，若断路应更换该传感器。将拆下的进气温度传感器放入水中进行冷却或加热，检查其特性是否符合标准，若不符则更换该传感器。

六、冷却液温度传感器（ECTS）

冷却液温度传感器给 ECU 提供发动机冷却液的温度信号，作为燃油喷射和点火正时控制修正信号。一般安装在汽缸体水道上或冷却液出口处。其工作原理与进气温度传感器相同。

若冷却液温度传感器出现故障，发动机冷启动困难，发动机启动后怠速不稳，一会儿就恢复正常，没有太明显的故障现象，但发动机的油耗增加，同时，急加速时容易熄火。

冷却液温度传感器的电路图如图 1-50 所示。在 ECU 中有一标准电阻与传感器的热敏电阻串联，并由 ECU 提供标准电压，E2 端子通过 E1 端子搭铁。当热敏电阻随冷却液温度变化时，ECU 通过 THW 端子测得的分压值随之变化，ECU 根据此分压值判断冷却液温度。随着温度的升高，信号电压减小。

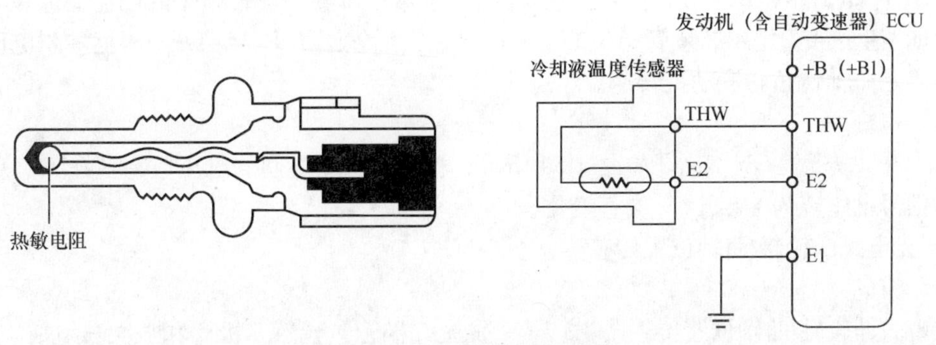

图 1-50 冷却液温度传感器

七、凸轮轴/曲轴位置传感器（CPS）

凸轮轴位置传感器：给 ECU 提供曲轴转角基准位置（第一缸压缩上止点）信号，作为燃油喷射控制和点火控制的主控信号。

曲轴位置传感器：检测曲轴转角位移，给 ECU 提供发动机转速信号和曲轴转角信号，作为燃油喷射和点火控制的主控信号。

1．电磁式凸轮轴/曲轴位置传感器

（1）组成

电磁式凸轮轴/曲轴位置传感器的上部为凸轮轴位置传感器，由带一个凸齿的 G 转子和两个感应线圈 G_1 和 G_2 组成；下部为曲轴位置传感器由一个带 24 个凸齿的 Ne 转子和一个 Ne 感应线圈组成，如图 1-51 所示。

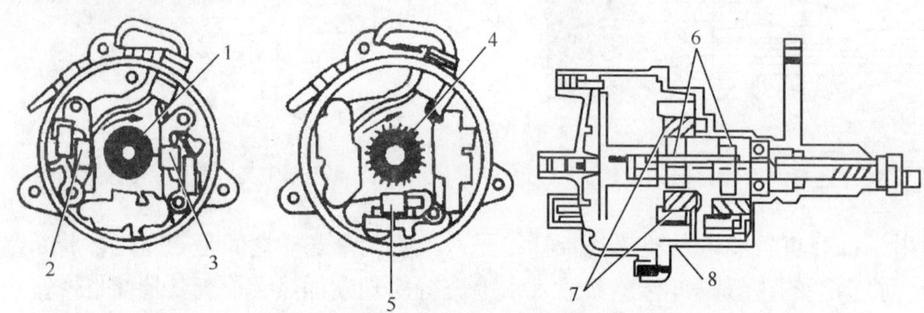

1—G 转子；2—G_1 感应线圈；3—G_2 感应线圈；4—Ne 转子；5—Ne 感应线圈；
6—G 和 Ne 转子；7—G_1 和 G_2 感应线圈；8—分电器壳体

图 1-51　电磁式凸轮轴/曲轴位置传感器

（2）原理

利用电磁线圈产生的脉冲信号来确定发动机转速和各汽缸的工作位置。

（3）检测

检查感应线圈的电阻，冷态下的 G_1 和 G_2 感应线圈电阻应为 125～200Ω，Ne 感应线圈电阻应为 155～250Ω，其电路如图 1-52 所示。

2．霍尔式凸轮轴/曲轴位置传感器

（1）组成

霍尔式凸轮轴/曲轴位置传感器由转子、永久磁铁、霍尔晶体管和放大器组成。

（2）原理

如图 1-53 所示，ECU 通过电源使电流通过霍尔晶体管，旋转转子的凸齿经过磁场时使磁场强度发生改变，霍尔晶体管产生的霍尔电压放大后输送给 ECU，ECU 根据霍尔电压产生的次数确定曲轴转角和发动机转速。

（3）检测

点火开关转至“ON”位，如图 1-54 所示，检测 A、C 之间的电压应为 8V，B、C 之间输出的信号电压应为 5V 到 0V 交替变化。

3．光电式凸轮轴/曲轴位置传感器

（1）组成

光电式凸轮轴/曲轴位置传感器由转子、发光二极管、光敏二极管和放大器组成。

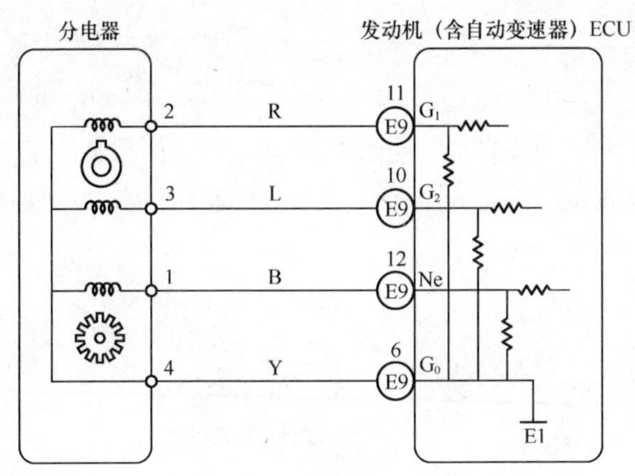

图 1-52　电磁式凸轮轴/曲轴位置传感器的电路

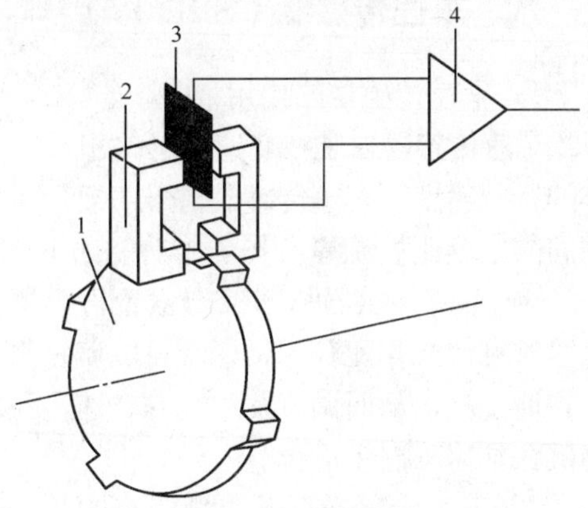

1—转子；2—永久磁铁；3—霍尔晶体管；4—放大器

图 1-53　霍尔式凸轮轴/曲轴位置传感器

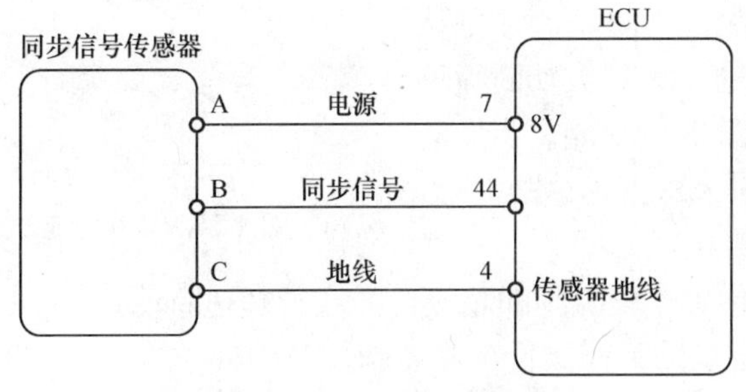

图 1-54　同步信号传感器电路

（2）原理

如图 1-55 所示，利用发光二极管作为信号源。随转子的转动，当透光孔与发光二极管对正时，光线照射到光敏二极管上产生电压信号，经放大电路放大后输送给 ECU。

（3）检测

点火开关转至“ON”位，检测微电脑侧 1 和 2 端子之间的电压，其值应为 12V，给传感器施加 12V 电压，再在信号输出端子 3 和 4 与 1 之间接上电流表，转动转子一圈，两个电流表应分别摆动 1 次和 4 次，电流应约为 1mA。

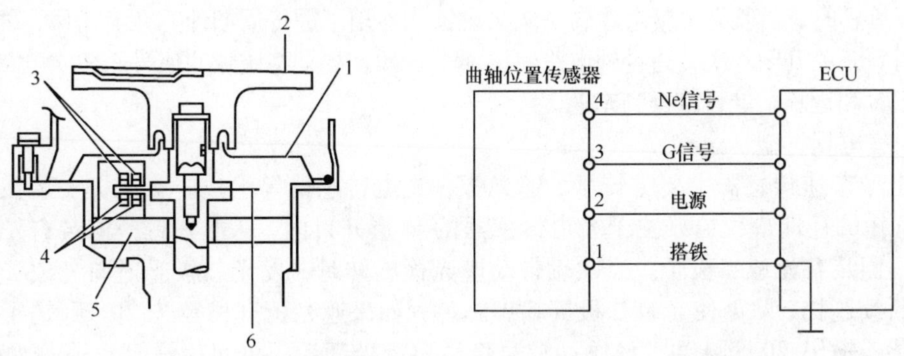

1—密封圈；2—分火头；3—发光二极管；4—光敏二极管；5—放大电路；6—转子

图 1-55　光电式凸轮轴/曲轴位置传感器

八、车速传感器（SPD）

1．车速传感器的作用

车速传感器安装在变速器的输出轴上或者组合仪表内，如图 1-56 所示。其作用是测量汽车的行驶速度。车速传感器信号主要用于仪表盘的车速表显示及发动机怠速和汽车加、减速期间的空燃比控制等，其具体功能如下。

① 车速传感器与节气门位置传感器的怠速触点信号相配合，ECU 就可以确定汽车的怠速工况，从而调节发动机的转速，使发动机在怠速工况下运行。

② 车速传感器可以检测汽车的减速工况。车辆在高速行驶途中，当松开加速踏板时，ECU 可以检测到节气门位置传感器的怠速信号。若发动机转速超过 1200r/min，则认为发动机仍处于减速状态，ECU 会切断喷油器的工作电流，实现减速断油功能。当发动机转速减到 1200r/min 时或踩下加速踏板时，ECU 控制喷油器恢复喷油。

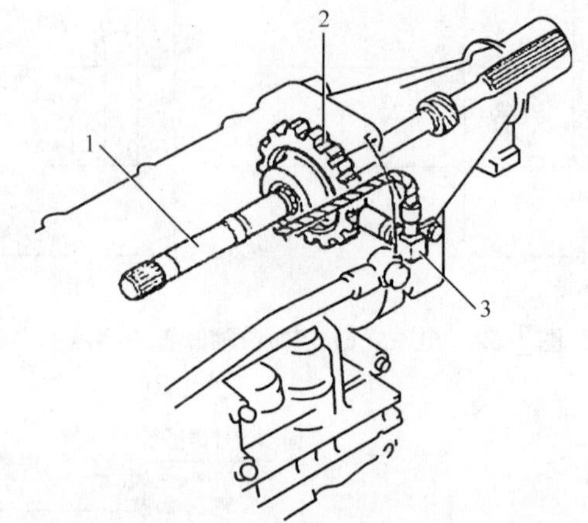

1—轴出轴；2—停车锁定齿轮；3—车速传感器

图 1-56　电磁感应式车速传感器的安装

③ ECU 根据车速传感器检测到的超速信号实行超速断油。

④ 配合巡航控制系统的工作实行车速控制。

⑤ ECU 根据汽车行驶里程，接通排放维修指示灯。规定每行驶 132000km，指示灯点亮，提醒驾驶员及时更换氧传感器。

2．结构与原理

车速传感器一般有 3 种形式，即舌簧开关型、光电耦合型和电磁型。

(1) 舌簧开关型

舌簧开关安装在组合仪表内。舌簧开关是在一个玻璃管内装有两个细长的触头构成的开关元件。其触头由磁性材料制成。当有磁场作用时，两个触头就会相互吸引而闭合或者互相排斥而断开，如图 1-57 所示。

舌簧开关型车速传感器由带有四磁极的转子、舌簧开关组成。当变速器输出轴通过软轴带动转子旋转时，舌簧开关就会在转子永久磁铁的作用下进行周期性的开关动作，转子每转一周，舌簧开关开闭 4 次，通过外电路输出 4 个脉冲。如果将该脉冲信号送数字电路或微电脑进行记数和运算，就可以得到车速。

(2) 光电耦合型

光电型车速传感器主要由转子、遮光板、光电传感器等组成。遮光板安装在转子轴上，其开槽的径向部位恰好位于光电传感器的 U 形开口内，U 形开口一侧装有发光二极管，另一侧装有光敏二极管。当软轴带动遮光板旋转时，发光二极管射向光敏二极管的光线被断续遮挡，从而使光敏二极管输出脉冲。如果遮光板开槽数为 20，则转子每转一周，传感器输出 20 个脉冲。该脉冲信号经微电脑处理后，就可以得到车速，如图 1-58 所示。

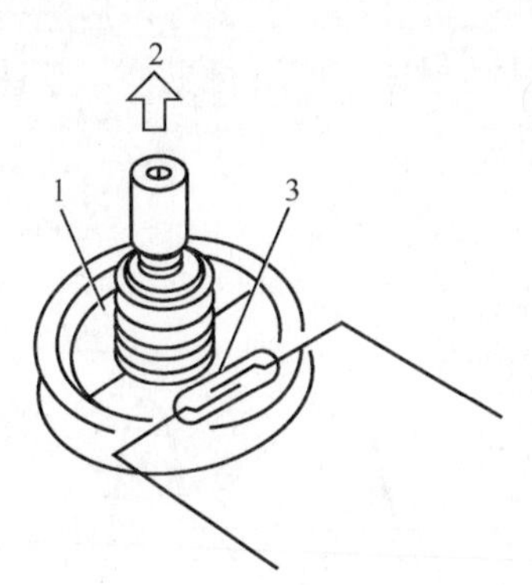

1—磁铁；2—至转速表软轴；3—舌簧开关

图 1-57 舌簧开关型车速传感器

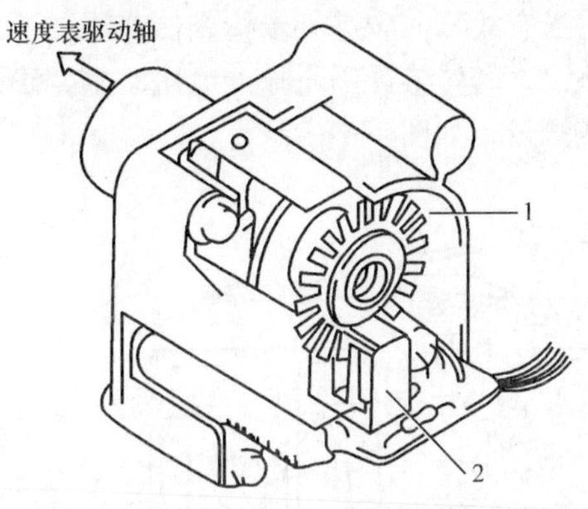

1—带切槽光盘；2—发光二极管

图 1-58 光电耦合型车速传感器的结构

(3) 电磁型

电磁型车速传感器由永久磁铁和电磁感应线圈组成，如图 1-59 (a) 所示。它被固定安装在自动变速器输出轴附近的壳体上，输出轴上的停车锁定齿轮为感应转子，当输出轴转动时，停车锁定齿轮的凸齿不断地靠近或离开车速传感器，使线圈内的磁通量发生变化，从而产生交流电。电磁型车速传感器的工作原理，如图 1-59 (b) 所示。车速越高，输出轴的转速也越高，感应电压脉冲频率也越高，电控组件根据感应电压脉冲的大小计算汽车行驶的速度。

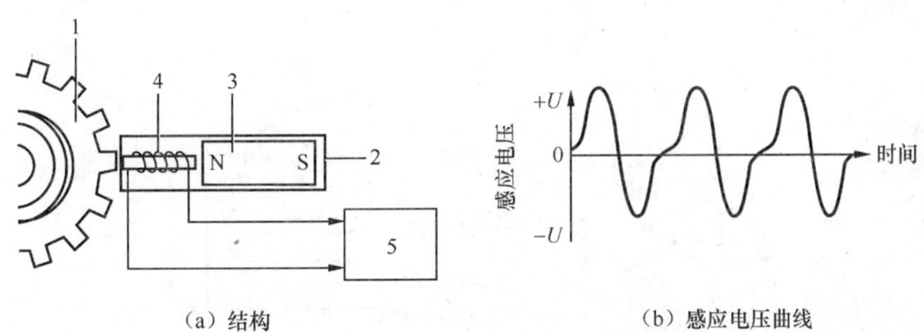

(a) 结构　　(b) 感应电压曲线

1—停车锁定齿轮；2—车速传感器；3—永久磁铁；4—电磁感应线圈；5—电控组件

图 1-59 电磁型车速传感器的工作原理

3．车速传感器的检测

车速传感器的检测内容如下。

(1) 就车检测

拔下车速传感器连接器接头，用万用表测量传感器两个接线端子之间的电阻，如图 1-60 所示。不同车型自动变速器的这种车速传感器感应线圈的电阻值不同，一般为几百欧到几千欧。

图 1-60 车速传感器的检查

将汽车支起，用手转动悬空的驱动车轮，同时用万用表测量车速传感器的两个接线端子之间有无脉冲感应电压。若万用表指针有摆动，说明传感器有输出脉冲电压，传感器工作正常；否则，说明传感器有故障，应进一步检查传感器转子及感应线圈是否脏污。若脏污，应进行清洁，再进行测试。若传感器仍无脉冲电压产生，确认传感器已经损坏，应进行更换。车速传感器脉冲电压测量，如图 1-61 所示。

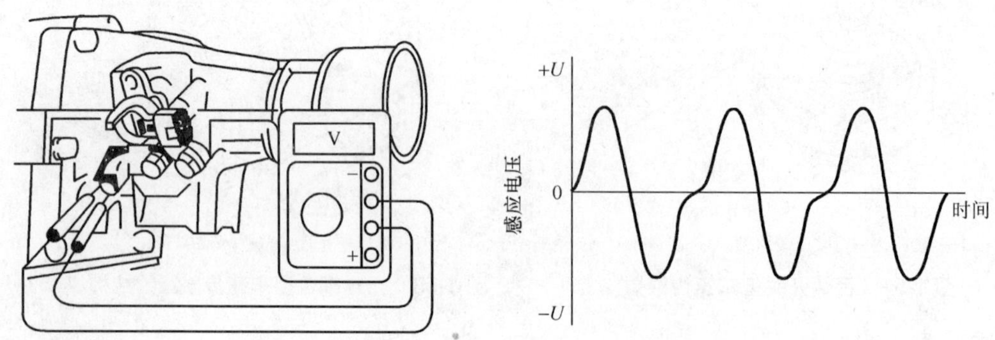

图 1-61　就车检查车速传感器脉冲电压波形

(2) 单件检测

拆下车速传感器，测量传感器输出脉冲电压。具体操作是，用一根铁棒或一块磁铁迅速靠近或离开传感器，同时用万用表测量传感器两个接线端子之间有无脉冲电压产生，如图 1-62 所示。如果没有感应电压或感应电压很微弱，说明传感器有故障，应进一步检查，再试验，确认有故障后，再进行更换。

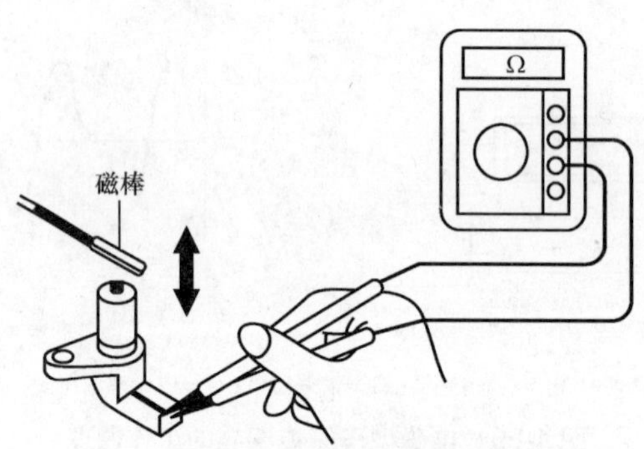

图 1-62　单件检查车速传感器脉冲电压

第二部分　任 务 实 施

在任务实施过程中将学习空气流量计、节气门位置传感器、进气温度传感器、冷却液温传感器、凸轮轴/曲轴位置传感器的安装位置、工作原理和各种传感器的检测方法。

一、工具准备

在实施工作前，每小组按表 1-4 准备好完成本任务所需的资料、工具。

表 1-4　　工具准备

资料、工具的名称	数　量
电控发动机台架	1台
发动机电控系统组件	1套
万用表	2个
示波器	1台
维修导线	1扎
常用工具	1套

二、技术要求与标准

① 所有操作符合安全操作要求。

② 所有操作符合发动机电控系统维修技术标准。

③ 在操作过程中不允许出现安全事故。

三、要完成的工作

1．空气流量计的检修。

(1) 检测叶片式空气流量计

① 读懂该流量计的电路图。

② 外观目测。

用手指拨动叶片，检查叶片的摆动是否平顺，叶片有无破裂、卡滞，转轴是否松旷。

③ 检查油泵开关 FC，并填写表 1-5。

表 1-5　　测量结果

端　子	标准电阻（Ω）	叶 片 位 置	测量数值（Ω）
FC-EI	无穷大	叶片关闭	
	0	叶片开启	

④ 检测电位计性能。

用螺钉旋具推动叶片，同时用万用表欧姆挡测量电位计滑动触点 VS 与 E2 端子之间的电阻：在叶片由全闭至全开的过程中，电阻值应逐渐变小；否则，需更换空气流量传感器。

(2) 热线式空气流量计

热线式空气流量计的常见故障有热线受污染、短路以及温度补偿电阻性能不良等。这些故障将导致发动机运转不平稳或不能正常工作，发动机油耗增加、排气管冒黑烟、车辆行驶无力等。

请完成热线式空气流量计的检测，并填写表 1-6。

表 1-6　　热线式空气流量计的检测

检 测 项 目	标　准　值	检　测　值	结　论
信号端子电压			
电源端子电压			

(3) 进气歧管压力传感器检测

进气歧管压力传感器的常见故障有控制线路短路或断路、真空软管连接不当或破裂等。这些故障将导致ECU不能正常地进行喷油量的控制，造成混合气过浓或过稀，发动机运转不正常，故障现象与空气流量计相似。

请完成进气歧管压力传感器的检测，并填写表1-7。

表1-7　进气歧管压力传感器的检测

检测项目	标准值	检测值	结论
信号端子电压			
电源端子电压			

2．节气门位置传感器检修

根据图1-63所示的流程检查节气门位置传感器。

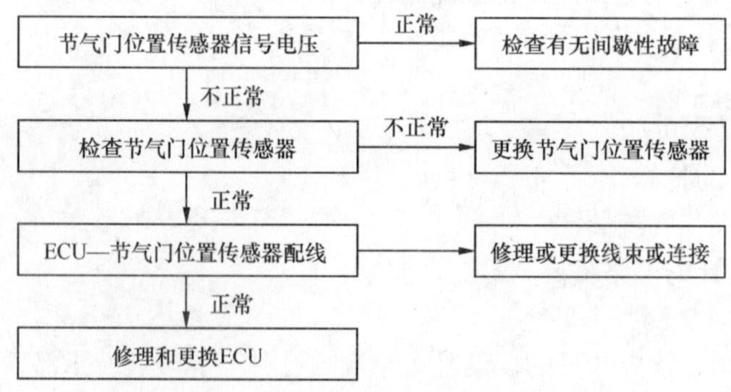

图1-63　节气门位置传感器检测流程

(1) 该节气门的安装位置在什么地方？该传感器为哪种类型？

(2) 关掉点火开关，检测节气门位置传感器各端子电阻，并与标准值对比，写出相应维修建议。

① 5V工作电压线与传感器搭铁端子之间的电阻值。

② 信号线与传感器搭铁端子之间的电阻值。

③ 将节气门由全闭逐渐开启到最大，测量TPS与E2端子之间电阻的变化。

④ 将维修建议填入表1-8。

表1-8　维修建议

故障部位	维修建议
VC与E2端子之间	□正常　□不正常
TPS与E2端子之间	□正常　□不正常

⑤ 检测节气门位置传感器线束导通性。(包括5V工作电压线、信号线和搭铁线)

3．温度传感器的检修

(1) 各种温度传感器的安装位置。

观察台架，水温传感器安装在哪里？(水温传感器安装在发动机的冷却水通路上，常见安装位置有出水口、水套等处)

(2) 测量水温传感器电阻随温度的变化情况。

(3) 水温传感器故障对发动机性能有什么影响（常见故障有电路短路、温度传感器损坏等）？

4．凸轮轴/曲轴位置传感器的检修

① 曲轴位置传感器有哪些类型？安装在汽车的什么位置？

② 检测霍尔式曲轴位置传感器。

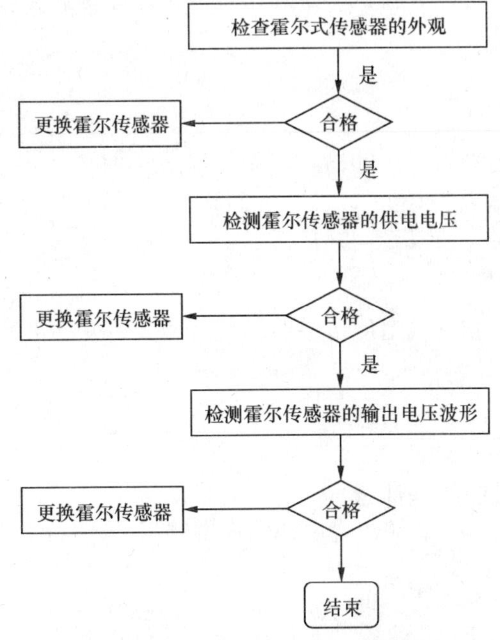

图 1-64 霍尔式传感器的检测流程图

③ 曲轴位置传感器工作异常会导致汽车辆出现哪些故障？

④ 关闭点火开关，拆下霍尔传感器的插头。打开点火开关，用万用表的电压挡分别测量霍尔电压信号端子和搭铁端子之间的电压值，电源端子和搭铁端子之间的电压值，并填写表 1-9。

表 1-9 测量结果

检测项目	标准值	检测值	结论
信号端子电压			
电源端子电压			

一、自我评价

1．利用所学的知识，解释桑塔纳轿车由于节气门位置传感器损坏导致的故障现象。

故障现象：一辆桑塔纳 2000 轿车，使用一段时间后，出现在行驶过程中突然不能加速，但发动机不熄火，转速在 2000r/min 左右，此时踩下加速踏板，有踩空的感觉，且发动机的转速不随节气门的增大而升高。但是，如果此时松开加速踏板，再次踩下加速踏板，发动机的转速又迅速提高，恢复正常。继续行驶一段里程（200～300km），上述故障又出现。

经过诊断过程，得到的结论为节气门位置传感器损坏。

① 根据所学的知识，说明为什么节气门位置传感器故障会导致汽车加速不良？

② 根据所学的知识，讨论分析汽车加速不良的可能原因。

③ 如果你负责该车的检修，你的检测步骤是什么？

2．冷却液温度传感器和进气温度传感器出现故障会对发动机性能产生怎样的影响？

3．本任务给你印象最深的是什么？

4．自己对学习本任务的自我评价（包括着装、学习态度、知识以及技能掌握程度、工作页的填写情况等）。

二、小组评价

序　号	评 价 项 目	评 价 情 况		
		好	中	差
1	团队合作精神			
2	学习是否积极主动			
3	服从工作安排的情况			
4	工具、仪器的使用情况			
5	工具整理、现场清理的情况			

三、教师评价

序　号	评价项目	评价情况		
		好	中	差
1	出勤情况			
2	着装情况			
3	课堂秩序			
4	学习是否积极主动			
5	任务书填写			
6	工具、仪器的使用情况			
7	工具整理、现场清理的情况			

项目二　汽车点火系统的检修

任务一　传统点火系统的检修

学习目标

◇ 了解汽油发动机对点火系统的要求。
◇ 掌握点火提前角对发动机性能的影响。
◇ 掌握传统点火系统的结构及工作原理。
◇ 掌握传统点火系统常见故障的排除方法。
建议完成本任务的学时为 6 学时。

内容结构

任务描述

一辆汽车发动机的点火系统出现了故障需要维修，汽车机电维修工根据维修前台接待提供的维修工单，在汽车机电维修工位以及规定工时内以经济的方式按照专业要求使用通用工具、发动机维修专用工具、设备和汽车维修资料等，完成发动机传统点火系统的故障诊断与维修。按照标准规范对汽车发动机传统点火系统进行的维护、拆卸、检查、修理、安装和调整等工作。对已完成的工作进行记录存档，保持工作场地满足安全作业及 5S 工作要求。

第一部分　任务学习引导

汽油发动机正常工作的三要素包括合适的汽缸压力、恰当的空燃比、正确的点火时刻以及足够强的火花。

一、对点火系统的要求以及点火提前角对发动机性能的影响

1．汽油发动机对点火系统的要求

（1）点火系统应能迅速及时地产生足以击穿火花塞电极间隙的高电压

发动机正常工作时击穿电压一般均在 15kV 以上。发动机在满载低速运转时击穿电压为 8～10kV，启动时为 19kV。

（2）电火花应具有足够的点火能量

正常工作情况下，可靠点燃可燃混合气的点火能量为 50～80mJ，启动时需 100mJ 的点火能量。

（3）能根据发动机各种工况提供最佳的点火时刻

2．点火提前角对发动机性能的影响

（1）点火提前角对发动机性能的影响

最佳点火提前角不仅保证发动机的动力性和燃油经济性都达到最佳值，还能保证排放污染达到最小。

点火提前角过大（点火过早），则大部分混合气在压缩过程中燃烧，活塞所消耗的压缩功增加，爆燃倾向增大。

电火过晚，则燃烧延长到膨胀过程，燃烧压力和温度下降，传热损失增多，排气温度升高，功率下降，排放污染增加。

（2）最佳点或提前角的确定依据

① 发动机转速：点火提前角应随发动机转速升高而增大。

② 负荷：点火提前角应随发动机负荷增大而减小。

③ 燃料的性质：汽油的辛烷值越高，抗爆燃性越好，点火提前角可以适当增大。

④ 其他因素：最佳点火提前角除了转速、负荷、燃料等因素外，还要考虑燃烧室的温度、空燃比、大气压力以及冷却液的温度等因素。

二、点火系统的作用与分类

1．点火系统的作用

在汽油发动机中，汽缸内的混合气是由高压电火花点燃的，而产生电火花的功能是由点火系统来完成的。

点火系统将汽车电源的低电压变成高电压，再按照发动机点火顺序轮流送至各个汽缸，点燃压缩混合气；并能适应发动机工况和使用条件的变化，自动调节点火时刻，实现可靠而准确的点火；还能在更换燃油或安装分电器时进行人工校准点火时刻。

2．点火系统的种类

点火系统按采用的电源不同，可分为蓄电池点火系统和磁电机点火系统两大类。

蓄电池点火系按是否采用电子元件控制可分为传统点火系统、电子点火系统和微电脑控制点火系统。

三、传统点火系统组成与工作原理

1．组成

（1）电源

由蓄电池或发电机供给点火系统工作所需的电能。

(2) 点火线圈

点火线圈将电源提供的 12V 低压电变成 15～20kV 的高压电。

(3) 分电器

分电器由断电器、配电器、电容器和点火提前机构等部分组成。各部分作用如下。

① 断电器：接通与切断点火线圈初级电路。

② 配电器：将点火线圈产生的高压电按汽缸的工作顺序送至各缸火花塞。

③ 电容器：减小断电器触点火花，延长触点的使用寿命并提高次级电压。

④ 点火提前机构：随发动机转速、负荷和汽油辛烷值变化改变点火提前角。

(4) 火花塞

火花塞产生电火花，点燃汽缸内的可燃混合气。

(5) 点火开关

点火开关控制点火线圈的初级电路。

(6) 附加电阻

附加电阻稳定点火线圈的初级电流，改善点火性能和启动性能，如图 2-1 所示。

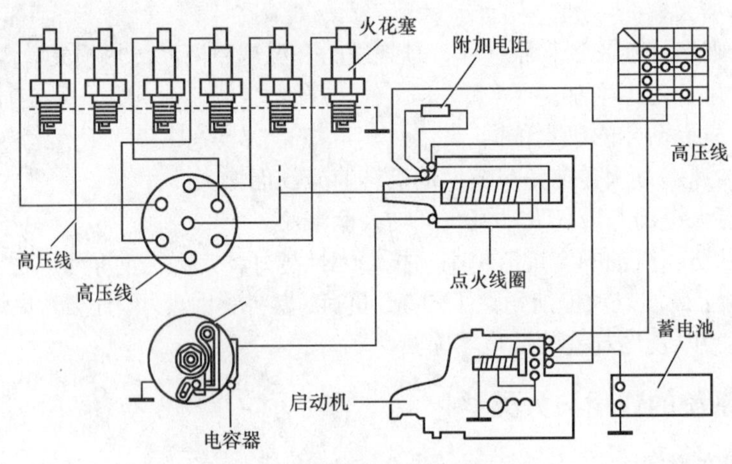

图 2-1　传统点火系统的结构

2．传统点火系统的工作原理

传统点火系统的电路可分为低压电路和高压电路两部分。低压电路的作用是控制点火线圈初级电路的通断，使点火线圈内磁场产生突变而使点火线圈次级绕组产生高压电。低压电路主要包括蓄电池、电流表（有些汽车没有）、点火开关、附加电阻、点火线圈初级绕组、断电器以及电容器等。高压电路的作用是在点火线圈初级电路被切断时感生出高压电，击穿火花塞间隙，点燃可燃混合气。次级电路主要包括点火线圈次级绕组、中心高压线、配电器、分缸高压线以及火花塞等。传统点火系统的工作原理如图 2-2 所示。

发动机工作时，由发动机凸轮轴以 1:1 的传动关系驱动分电器轴。分电器上的凸轮使断电器触点交替地闭合和打开。当触点闭合时，接通点火线圈初级绕组的电路；当触点打开时，切断点火线圈初级绕组的电路，使点火线圈的次级绕组中产生高压电；经火花塞的电极产生电火花，点燃混合气。其工作过程可分为 3 个阶段，如图 2-3 所示。

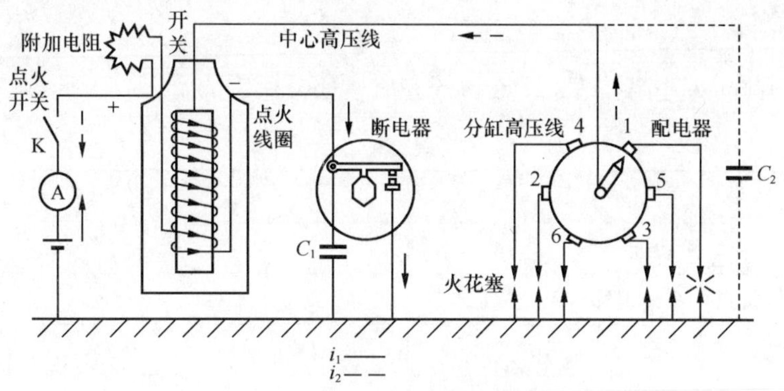

图 2-2 传统点火系统的工作原理

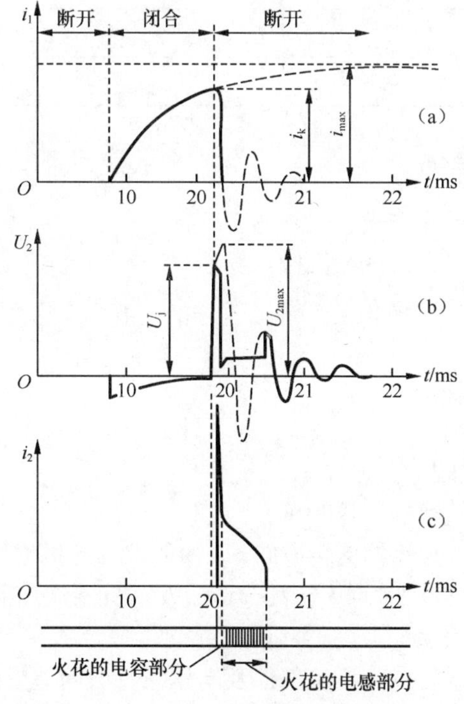

图 2-3 传统点火系统的过程

① 触点闭合，初级电流逐步增长。

② 触点断开，次级绕组中产生高压电。

③ 火花塞电极间隙被击穿，产生电火花，点燃可燃混合气。

第二部分 任 务 实 施

在任务实施的过程中，将学习传统点火系统部件的检修和点火系统常见故障（火花塞不跳火）的检查程序，点火电路图的分析与运用，检查火花塞、高压线、点火线圈、点火器、点火控制模块电路以及与这些检查相关的一些理论知识，此外还要学习检查与排除传统点火系统故障，以及“替换法”在故障诊断中的运用。

一、工具准备

在实施工作前，每小组按表 2-1 准备好完成本任务所需的资料、工具。

表 2-1　　　　工具准备

资料、工具的名称	数　量
462 发动机	1 台
传统点火系统组件	1 套
万用表	2 个
示波器	1 台
维修导线	1 扎
常用工具	1 套
火花塞套筒	1 个

二、技术要求与标准

① 所有操作符合安全操作要求。

② 所有操作符合传统点火系统维修技术标准。

③ 在操作过程中不允许出现安全事故。

三、要完成的工作

1. 传统点火系统的使用

传统点火系统在使用过程中，应注意以下事项。

① 确保各部位导线及接线柱连接的可行。

② 确认发动机工作时分火头的旋转方向，以便能按发动机的作功顺序，正确连接各汽缸的高压线而不至于在发动机启动时点火错乱，造成发动机不能启动的故障。

③ 安装分电器时，必须保证点火正时正确。

④ 洗车时应尽量避免水将点火系统部件及高压线打湿而造成漏电。

⑤ 发动机熄火后需要使用辅助电器时，应将点火开关置于 ACC 挡而不要长时间置于 IG 挡或 ON 挡，以免造成初级绕组的长时间放电而使蓄电池亏电，同时还降低了点火线圈的使用寿命。

⑥ 应定时对点火系统进行维护与调整，确保点火系统工作性能的稳定可靠。

⑦ 远途运输的汽车，应备有断电器触点、点火线圈及电容器作为备用零件，以便中途零件损坏时可以及时更换。

2. 传统点火系统的维护

(1) 点火正时的调整

请用正时灯检查带传统点火系统的点火正时，如果不符合要求，请按以下方法调整，并将调整前和调整后点火时刻的数据填写表 2-2。

① 首先确认或调整断电器触点间隙应符合要求。

② 确认第一缸压缩上止点位置。

③ 确认断电器触点刚刚打开时刻。

④ 启动发动机，在发动机达到正常工作温度时（水温为70～80℃），检查点火正时。

⑤ 行车检查点火正时并填写表2-2。

表2-2 调重点火正时

调整前点火时刻	调整后点火时刻

(2) 点火系统的维护

要保证发动机能运转正常、少出故障，必须做好传统点火系统的维护工作。

传统点火系统维护作业内容主要有以下几项。

① 及时清理火花塞积炭。

② 检查调整火花塞间隙。

③ 检查高压导线的连接及其对汽缸体的绝缘情况。

④ 传统分电器触点应无烧蚀，触点间隙正常。

3．传统点火系统的检修

请对传统点火系统进行检修，检修方法如下，并填写表2-3。

(1) 分电器的检修

① 检查断电器触点接触情况。将触点分开查看接触面是否有油污、烧蚀、凸凹不平及触点间能否全面接触。如触点有油污，可用干布稍沾些汽油将其擦净；如触点有轻微烧蚀，可用细砂纸擦磨干净；如表面严重烧蚀、凸凹不平时，应更换触点总成。两触点的中心线应重合，否则应用尖嘴钳校正。

② 检查触点间隙。用塞尺检查方法，如图2-4所示。

③ 检查触点臂弹簧的张力。触点闭合时，用弹簧秤的挂钩钩在活动触点的一端，沿着触点的轴向拉动弹簧秤，如图2-5所示。触点刚刚分开时的读数一般为4.9～6.9N，否则应予以更换。

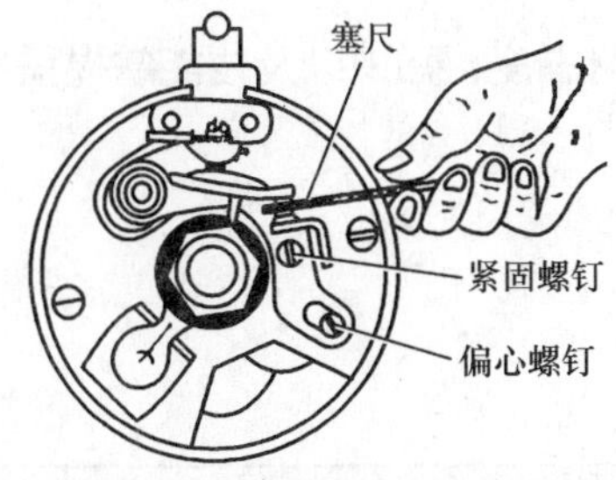

图2-4 断电器触点间隙的调整

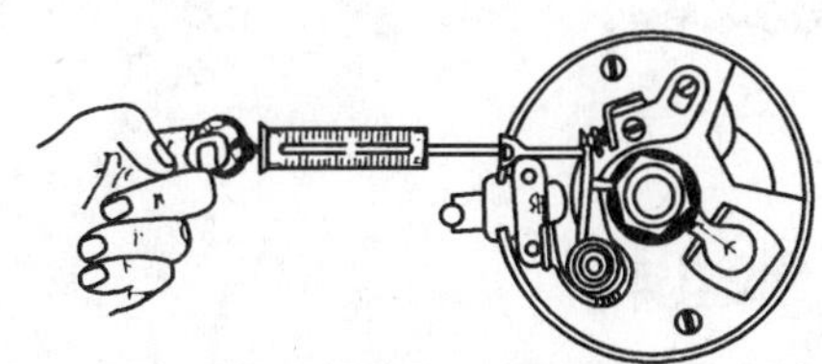

图2-5 触点臂张力的检查

④ 检查分电器轴与衬套之间的间隙。分电器轴与衬套的正常配合间隙为0.02～0.04mm，最大不得超过0.07mm。

⑤ 检查分火头和分电器盖是否漏电。可在汽车上利用点火线圈的高压电对准分火头进行跳火试验。若能跳火，说明分火头漏电。分电器盖如有裂损应更换。

⑥ 点火提前机构的检修。点火提前机构的性能检查只能在实验台上进行。

(2) 电容器的检修

检查电容器是好是坏的方法很多。如将电容器拆下放在机体上（搭铁），有中心高压线对着电容器的中心引线进行连续跳火试验，若刚开始时能跳火，后来又不跳了，说明电容器完好；若一直能跳火，说明电容器被击穿，应予以更换。

(3) 点火线圈的检修

点火线圈外部有裂纹、初级或次级绕组的阻值不符合要求，应予以更换。根据表 2-3 中列出的检查项目填写检查结论。

表 2-3 点火线圈的检修

检 查 项 目	检查数据、结论
分电器	
断电器间隙	
高压线	
电容器	
点火线圈	

任务评价

一、自我评价

1．总结在传统点火系统中引起火花塞不跳火的主要原因及相关部件。

2．本任务给你印象最深的是什么？

3．自己对学习本任务的自我评价（包括着装、学习态度、知识以及技能掌握程度、工作页的填写情况等）。

二、小组评价

序 号	评 价 项 目	评 价 情 况		
		好	中	差
1	团队合作精神			
2	学习是否积极主动			
3	服从工作安排的情况			
4	工具、仪器的使用情况			
5	工具整理、现场清理的情况			

三、教师评价

序　号	评 价 项 目	评 价 情 况		
		好	中	差
1	出勤情况			
2	着装情况			
3	课堂秩序			
4	学习是否积极主动			
5	任务书填写			
6	工具、仪器的使用情况			
7	工具整理、现场清理的情况			

任务二　电子点火系统的检修

◇ 了解汽油发动机普通电子点火系统的分类。

◇ 掌握电子点火的基本工作原理。

◇ 掌握各类点火系统的结构。

◇ 掌握电子点火系统常见故障的排除方法。

建议完成本任务的学时为 6 学时。

内容结构

汽车机电维修工根据维修前台接待提供的维修工单，在汽车机电维修工位以及规定工时内以经济的方式按照专业要求使用通用工具、发动机维修专用工具、设备和汽车维修资料等，完成发动机电子点火系统的故障诊断与维修。按照标准规范对汽车发动机电子点火系统方面进行的维护、拆卸、检查、修理、安装和调整等工作。对已完成的工作进行记录存档，保持工作场地满足安全作业及 5S 工作要求。

第一部分　任务学习引导

电子点火系统作为第三代点火装置，具有次级上升速度更高、点火能量大、对火花塞积炭不敏感以及高速点火可靠等优点，使发动机燃烧更充分、工作更可靠，同时还对降低燃料的消耗、改善排放污染起到了积极的作用。

一、电子点火系统的分类

电子点火系统按储能方式的不同，可分为电感储能式（以点火线圈作为储能零件）和电容储能式（以电容作为储能零件）两大类。电感储能式与电容储能式相比，具有结构简单、成本低、发动机低速点火性能好等优点，在普通汽油发动机上得以广泛的应用，而电容储能式点火系统仅应用在高速发动机上。

电感储能式电子点火系统按有无微电脑控制，可分为普通电子点火系统和微电脑控制的电子点火系统两类。早期的普通电子点火系统按有无触点，可分为有触点式和无触点式，而有触点传统点火系统目前基本被淘汰。按信号发生器的性质不同，又可分为磁脉冲式、霍尔式和光电式 3 种。

本任务将针对目前应用广泛的无触点式、普通型电子点火系统进行学习和检修，微电脑控制的电子点火系统将在下一个任务中学习。

二、电子点火系统的组成和工作原理

无触点式电子点火系统一般由点火信号发生器、电子点火器、配电器、点火线圈、火花塞等主要部件组成，如图 2-6 所示。其基本工作原理如图 2-7 所示。转动的分电器根据发动机做功的需要，使点火信号发生器产生某种形式的电压信号（有模拟信号和数字信号两种），该电压信号经电子点火器大功率晶体管前置电路的放大、整形等处理后，控制串联于点火线圈初级回路的大功率晶体管的导通和截止。大功率晶体管导通时，点火线圈初级通路，点火系统储能；大功率晶体管截止时，点火线圈初级绕组断路，次级绕组便产生高压电。

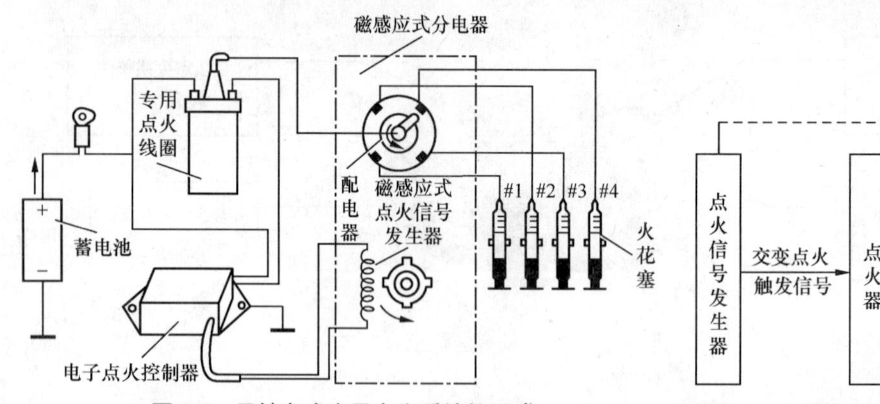

图 2-6　无触点式电子点火系统的组成　　图 2-7　电子点火系统的基本工作原理

下面将按磁脉冲式、霍尔效应式、光电式 3 种不同的点火信号来阐述普通型电子点火系统的工作过程。

1. 磁脉冲式电子点火装置的工作过程

丰田汽车常用的磁脉冲式无触点电子点火装置，由点火信号发生器、电子点火器、分电

器、点火线圈以及火花塞等组成，如图 2-8 所示。

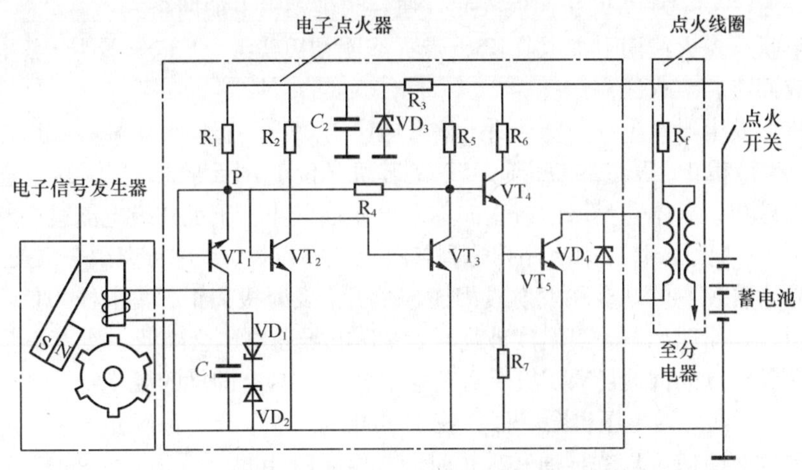

图 2-8 磁脉冲式无触点电子点火装置

（1）磁脉冲式点火信号发生器的工作原理

信号转子上有与发动机的汽缸数相同的凸齿。永久磁铁的磁通经信号转子凸齿、线圈铁芯构成回路。当信号转子由分电器轴带动旋转时，转子凸齿与线圈铁芯间的空气间隙将发生变化，磁路的磁阻随之改变，使通过线圈的磁通量发生变化，因而在线圈内感应出交变电动势，如图 2-9 所示。

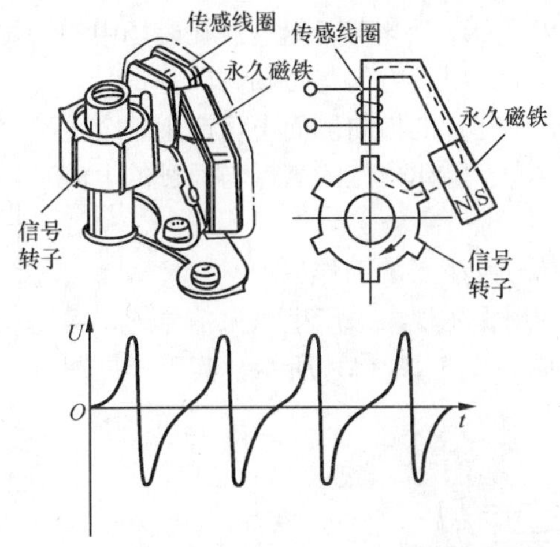

图 2-9 磁脉冲式点火信号发生器的工作原理

磁脉冲式点火信号发生器具有点火信号电压的大小随发动机转速的变化而变化的特点。发动机的转速升高时，点火信号发生器磁路的磁通变化速率提高，相应磁通量的变化速率也提高，传感线圈产生的信号电压也就随之增大。

（2）电子点火器的工作原理

电子点火器的工作原理如图 2-8 所示。接通点火开关时，蓄电池的电压使 VT_1 导通，其直流电路为：蓄电池（或发电机）正极→点火开关→R_3→R_1→VT_1→信号线圈→搭铁→蓄电池（或发电机）负极构成回路。

当点火信号发生器产生正向脉冲时，信号电压与 VT_1 的正向电压降叠加后，高于 VT_2 的导通电压，VT_2导通。VT_2的导通使VT_3的基极电位下降而截止，VT_3的截止使VT_4的基极电位上升而导通、VT_5因R_7的正向偏置而导通。于是初级电流回路为：蓄电池（或发电机）正极→点火形状→点火线圈附加电阻R_f→点火线圈初级绕组→VT_5→搭铁→蓄电池（或发电机）负极构成回路，点火线圈储能。

当点火信号发生器产生反向脉冲时，信号电压与VT_1的正向电压降叠加后，使VT_2的基极电位降低，VT_2截止。VT_2的截止使VT_3的基极电位上升而导通，VT_3的导通使VT_4的基极电位下降而截止，晶体管VT_5没有正向偏置电压而截止。于是初级电流被切断，在次级绕组中产生高压，经配电器按点火次序分配到各缸火花塞点火，点燃可燃混合气使发动机做功。

电路中晶体管VT_1的基极和发射极相连，相当于发射极为正、集电极为负的二极管，起温度补偿作用。其原理如下：当温度升高时，VT_2的导通电压会降低，使VT_2提前导通而滞后截止，从而导致点火推迟；VT_1与VT_2的型号相同，具有同样的温度特性系数，故在温度升高时，VT_1的正向导通电压也会降低，使P点电位U_P下降，正好补偿了温度升高对VT_2工作电位的影响，而使VT_2的导通和截止时间与常温时相同。

电路中其他元件的作用是：R_3、VD_3为电源稳压电路，使VT_2导通时不受电源系电压波动的影响；VD_1、VD_2为信号稳压，削平高速时感应线圈产生的峰值电压；VD_4的作用是防止初级电流被切断时产生的高压击穿VT_5；C_1是信号滤波，C_2是电源滤波；R_4为正向反馈电阻，起加速VT_2的导通和截止作用。

2．霍尔效应式电子点火装置工作过程

（1）霍尔原理

霍尔效应原理如图2-10所示。当电流I通过放在磁场中的半导体基片（即霍尔元件），且电流方向与磁场方向垂直时，在垂直于电流和磁场的半导体基片的横向侧面上将产生一个电压U_H（通常称之为霍尔电压）。霍尔电压的高低与通过的电流和磁感应强度成正比。

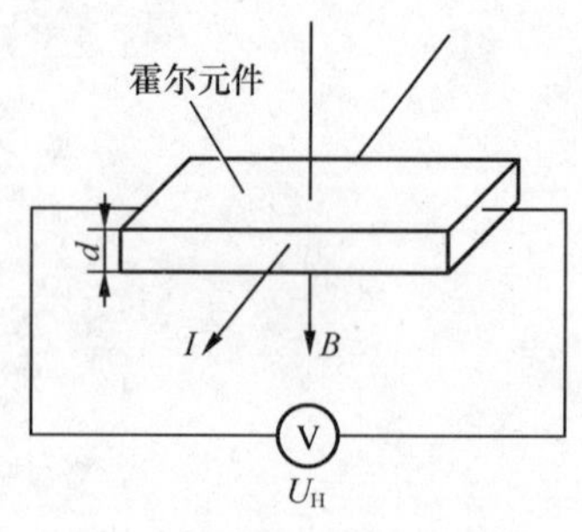

图2-10　霍尔效应原理

（2）霍尔效应式点火信号发生器的工作原理

霍尔信号发生器正是利用霍尔现象来产生点火信号的。霍尔式信号发生器的结构组成如图2-11（a）所示，其工作原理如图2-11（b）、图2-11（c）所示。

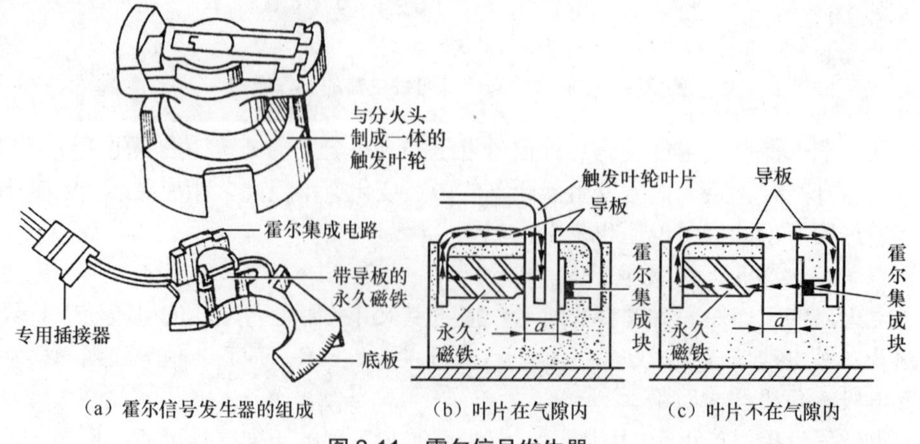

图2-11　霍尔信号发生器

在与分火头制成一体的触发叶轮的四周，均布着与发动机汽缸数相同的缺口，当触发叶轮由分电器轴带着转动，转到触发叶轮的本体（没有缺口的地方）对着装有霍尔集成块的地方时（叶片在气隙内），通过霍尔集成块的磁路被触发叶轮短路，如图 2-11（b）所示，此时霍尔集成块中没有磁场通过，不会产生霍尔电压；当触发叶轮转到其缺口对着装有霍尔集成块的地方时（叶片不在气隙内），永久磁铁所产生的磁场，在导板的引导下，垂直穿过通电的霍尔集成块，于是在霍尔集成块的横向侧面产生一个霍尔电压 U_H，但这个霍尔电压 U_H 是 mV 级，信号很微弱，还需要进行信号处理，这一任务由集成电路完成。这样霍尔元件产生的霍尔电压 U_H 信号，经过放大、脉冲整形，最后以整齐的矩形脉冲（方波）信号 U_g 输出，如图 2-12 所示。

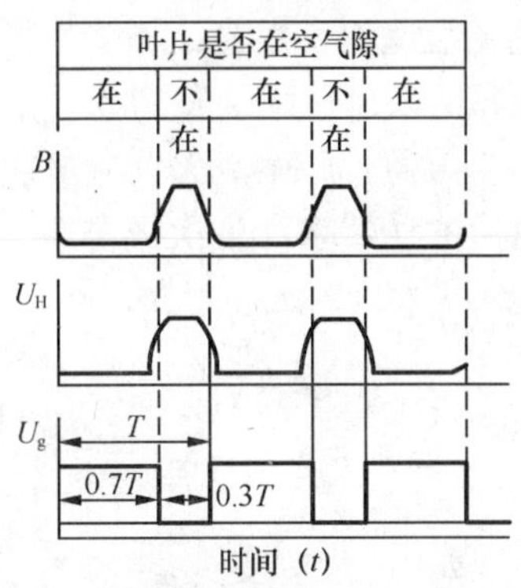

图 2-12　霍尔信号的发生原理

（3）霍尔式电子点火器的工作原理

霍尔式电子点火器一般多由专用点火集成块 IC 和一些外围电路组成，比较接近微电脑控制的点火系统。它除了具有控制点火线圈初级电流的通断外，还具有其他辅助控制功能，如限流控制、停车断电保护等功能。这使该点火系统显示出更多的优越性，如点火能量高，在发动机转速范围内基本保持恒定、高速不断火、低速耗能少、启动可靠等。图 2-13 所示为霍尔式点火装置的工作电路，其电子点火器的基本工作过程如下。

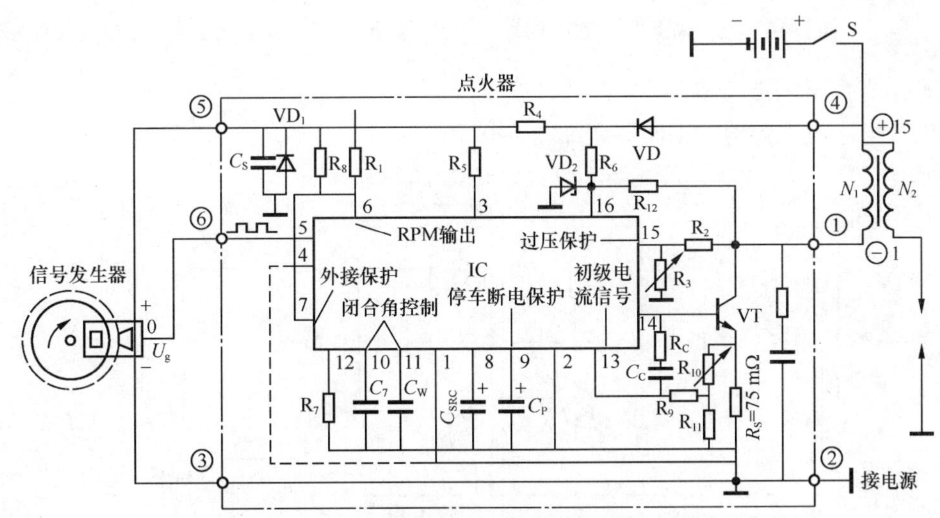

图 2-13　霍尔式点火装置的工作电路

接通点火开关，发动机转动，当霍尔信号发生器输出信号 U_g 为高电位，该信号通过点火器插座⑥端子和③端子进入点火器。此时，点火器通过内部电路，驱动点火器大功率晶体管 VT 导通，接通初级电路。其电路是：蓄电池（或发电机）“+”极→点火开关→点火线圈初级绕组 N_1→点火器大功率晶体管 VT→反馈电阻 R_s→搭铁→蓄电池（或发电机）“−”极。

当霍尔信号发生器输出信号 U_g 下跳为低电位时，点火器大功率晶体 VT 立即截止，切断点火线圈初级电路，次级绕组产生高压电。

3．光电式电子点火装置

(1) 光电式电子点火装置的组成

光电式电子点火装置采用的是光电式点火信号发生器，其结构如图 2-14 所示。

(2) 光电式点火信号发生器的工作原理

遮光盘安装在分电器轴上，上面开有与发动机汽缸数相同的缺口，在遮光盘的上下两面分别装有发光二极管和光敏晶体管，如图 2-15 所示。工作时遮光盘随分电器轴一起转动，当遮光盘遮住了发光二极管发出的光线而光敏晶体管接收不到光线时，光敏晶体管截止；当遮光盘的缺口转到装有光电元件的位置时，光敏晶体管接收到发光二极管发出的光照时，光敏晶体管导通，产生点火信号电压，输出到点火模块。点火模块根据该信号来控制点火线圈初级电流的通断来产生次级电压。

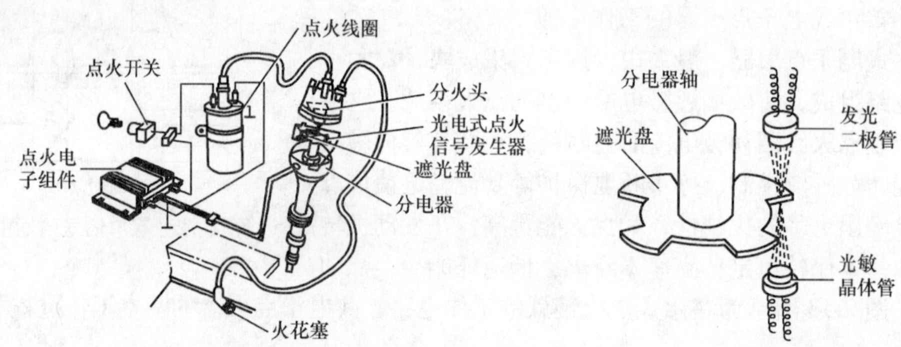

图 2-14　光电式点火装置的组成　　图 2-15　光电式信号发生器的工作原理

(3) 光电式电子点火装置的工作原理

光电式电子点火装置的工作原理如图 2-16 所示。

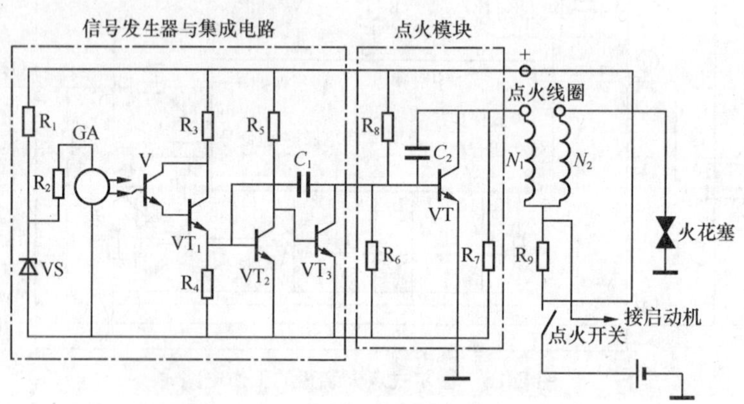

图 2-16　光电式电子点火装置的工作原理

当光敏晶体管 VT 受光导通时，晶体管 VT_1 获得正向偏压而导通。VT_1 导通后为 VT_2 提供正向偏压 U_{R_4}，使 VT_2 导通。VT_2 导通后，VT_3 处于截止状态。功率晶体管 VT 获得正向偏压 U_{R_6} 导通，从而使点火线圈初级绕组通电；当光敏晶体管 VT 失光时，由导通转为截止，VT_1 失去基极电流由导通转为截止，VT_2 也截止，VT_3 因获得正偏由截止转为导通。VT 失去正向偏压 U_{R_6} 则由导通转为截止，点火线圈初级绕组断电，在点火线圈次级绕组产生高压，经配电器分送至各缸火花塞。

其他元件的作用：稳压二极管 VS 用以保证发光二极管 GA 获得稳定的工作电压。电容 C_1 为正反馈电路，用以提高功率管 VT 的开关速度，减少功率损耗，防止发热。电阻 R_7 用以保护功率晶体管 VT。当 VT 由导通转为截止时，在次级绕组 N_2 产生次级电压的同时，初级绕组也产生 300V 左右的自感电动势，R_7 可为其提供回路，防止 VT 被击穿损坏。电阻 R_8 与电容 C_2 也具有 R_7 的作用，同时 C_2 还具有滤波功能。电阻 R_9 为点火线圈的附加电阻。

第二部分 任 务 实 施

在任务实施的过程中，将学习电子点火系统的检修和点火系统常见故障的检查程序，点火电路图的分析与运用，检查火花塞、高压线、点火线圈、点火器，检查点火控制模块电路，以及与这些检查相关的一些理论知识。此外，还要学习检查与排除无分电器电控点火系统故障，以及“替换法”在故障诊断中的运用。

一、工具准备

在实施工作前，每小组按表 2-4 准备好完成本任务所需的资料、工具。

表 2-4 工具准备

资料、工具的名称	数 量
电磁感应式电子点火系统	1 副
霍尔式电子点火系统	1 副
万用表	2 个
示波器	1 台
维修导线	1 扎
常用工具	1 套
火花塞套筒	1 个

二、技术要求与标准

① 所有操作符合安全操作要求。

② 所有操作符合汽车电子点火系统维修技术标准。

③ 在操作过程中不允许出现安全事故。

三、要完成的工作

1．桑塔纳轿车电子点火系统线路连接。

① 请对照桑塔纳轿车电子点火系统的电路图（如图 2-17 所示），连接霍尔式点火系统的电路。

② 写出这种类型的电子点火系统的检修步骤。

2．解放 CA1091 型汽车电子点火装置。

① 请对照解放 CA1091 型汽车电子点火系统的电路图（如图 2-18 所示），连接磁感应式点火系统电路。

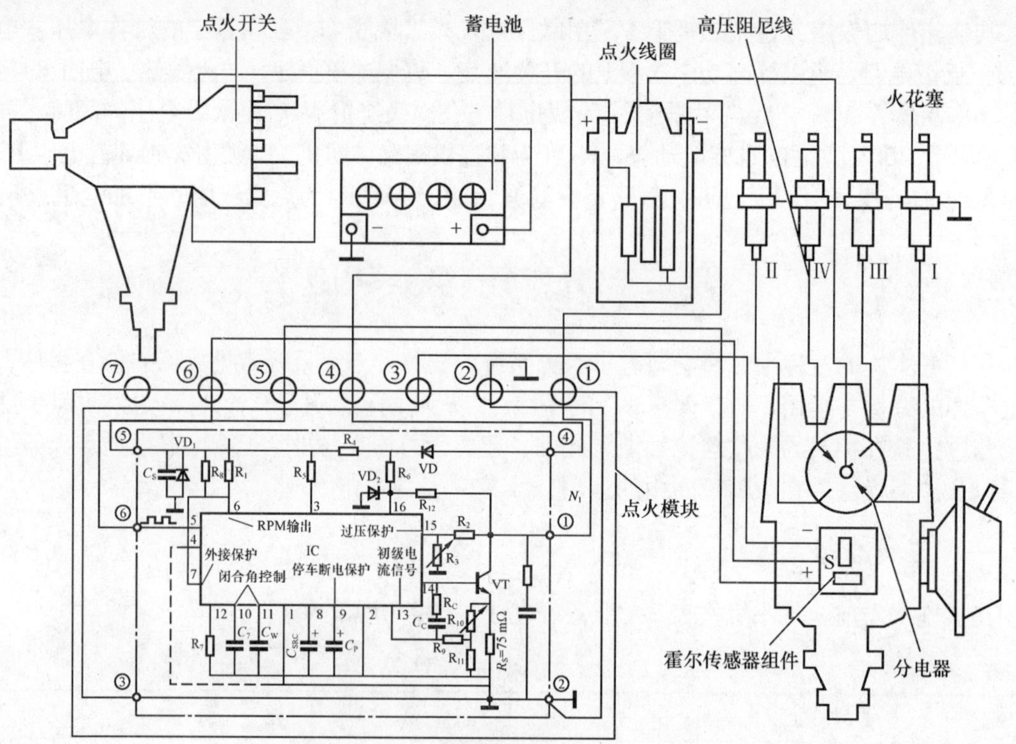

图 2-17　桑塔纳轿车电子点火系统线路图

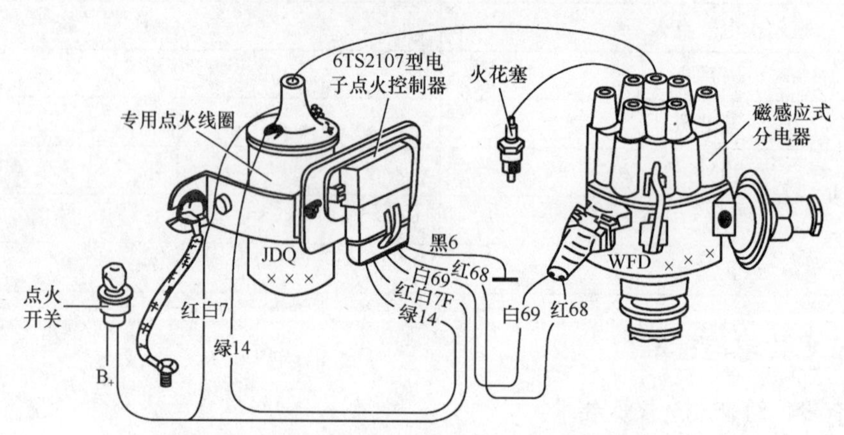

图 2-18　解放 CA1091 型汽车电子点火系统电路图

② 写出这种类型的电子点火系统的检修步骤。

任务评价

一、自我评价

1．总结在电子点火系统中引起火花塞不跳火的主要原因及相关部件。

2．本任务给你印象最深的是什么？

3．自己对学习本任务的自我评价（包括着装、学习态度、知识以及技能掌握程度、工作页的填写情况等）。

二、小组评价

序　号	评 价 项 目	评 价 情 况		
		好	中	差
1	团队合作精神			
2	学习是否积极主动			
3	服从工作安排的情况			
4	工具、仪器的使用情况			
5	工具整理、现场清理的情况			

三、教师评价

序　号	评 价 项 目	评 价 情 况		
		好	中	差
1	出勤情况			
2	着装情况			
3	课堂秩序			
4	学习是否积极主动			
5	任务书填写			
6	工具、仪器的使用情况			
7	工具整理、现场清理的情况			

任务三　微电脑控制点火系统的检修

◇ 了解汽油发动机微电脑控制点火系统的基本原理。
◇ 掌握微电脑控制电子点火系统点火提前角的控制理论。
◇ 掌握微电脑控制点火系统的结构和工作原理。
◇ 掌握微电脑控制点火系统常见故障的诊断与排除方法。

建议完成本任务的学时为 6 学时。

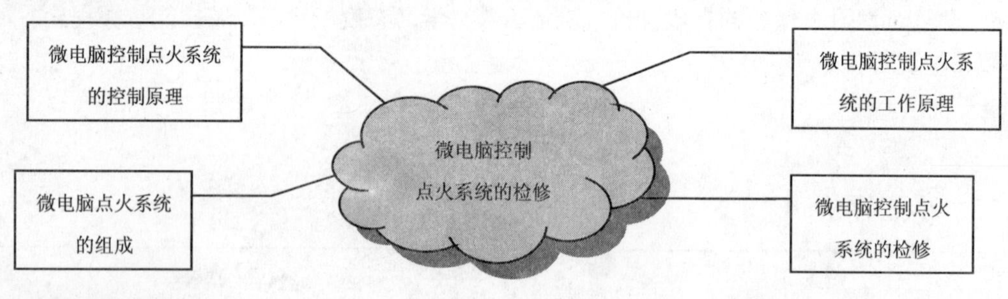

汽车机电维修工根据维修前台接待提供的维修工单，在汽车机电维修工位以及规定工时内以经济的方式按照专业要求使用通用工具、发动机维修专用工具、设备和汽车维修资料等，完成发动机微电脑控制点火系统的故障诊断与维修。按照标准规范对汽车发动机微电脑控制点火系统方面进行维护、拆卸、检查、修理、安装和调整等工作。对已完成的工作进行记录存档，保持工作场地满足安全作业及5S工作要求。

一、微电脑控制点火系统的基本原理

1．微电脑控制点火系统提前角控制的基本方法

发动机启动时，按ECU内存储的初始点火提前角（设定值）对点火提前角进行控制。启动时点火提前角的设定值随发动机而异，对一定的发动机而言，启动时的点火提前角是固定的，一般为10°左右。

发动机正常运转时（启动后），主ECU根据发动机的转速和负荷信号，确定基本点火提前角，并根据其他有关信号进行修正，最后确定实际的点火提前角，并向电子点火控制器输送点火执行信号，以控制点火系统的工作。

2．启动时点火提前角的控制

发动机启动过程中，进气管绝对压力传感器信号或空气流量计信号不稳定，ECU无法正确计算点火提前角，一般将点火时刻固定在设定的初始点火提前角。此时的控制信号主要是发动机转速信号（Ne信号）和启动开关信号（STA信号）。

3．启动后基本点火提前角的确定

发动机启动后怠速运转时，ECU根据节气门位置传感器信号（IDL信号）、发动机转速传感器信号（Ne信号）和空调开关信号（A/C信号）确定基本点火提前角。

发动机启动后在除怠速以外的工况下运转时，ECU根据发动机的转速和负荷（单位转数的进气量或基本喷油量）确定基本的点火提前角。

4．点火提前角的修正

不同的发动机控制系统中，对点火提前角的修正项目和修正方法也不同。修正方法有修正系数法和修正点火提前角法两种。

主要修正项目有以下几种。

(1) 水温修正

水温修正又可分为暖机修正和过热修正。

发动机冷车启动后的暖机过程中，随冷却水温的提高，混合气的燃烧速度加快，燃烧过程所占的曲轴转角减小，点火提前角也应适当减小，如图 2-19 所示。

(2) 怠速稳定修正

ECU 根据实际转速与目标转速的差来修正点火提前角，低于目标转速，应增大点火提前角，反之，推迟点火提前角。控制信号包括发动机转速信号（Ne 信号）、节气门位置传感器信号（IDL 信号）、车速传感器信号（SPD 信号）以及空调开关信号（A/C 信号），如图 2-20 所示。

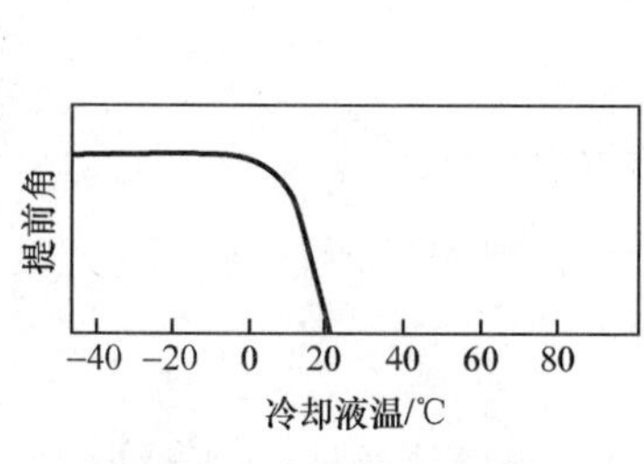

图 2-19　水温修正示意图

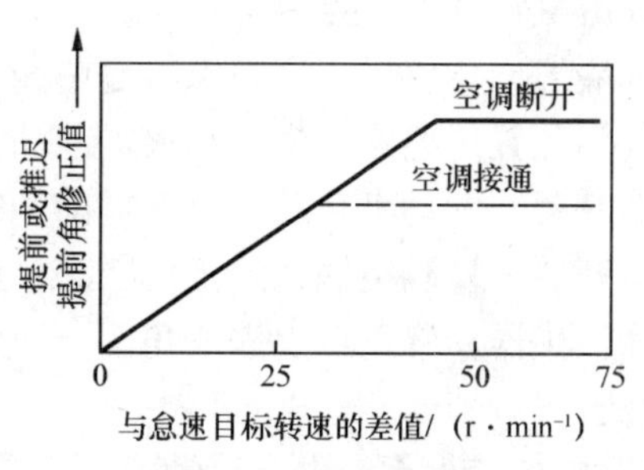

图 2-20　怠速稳定修正

(3) 空燃比反馈修正

由于空燃比反馈控制系统是根据氧传感器的反馈信号调整喷油量的多少来达到最佳空燃比控制的，所以这种喷油量的变化必然带来发动机转速的变化。为了稳定发动机转速，点火提前角需根据喷油量的变化进行修正，如图 2-21 所示。

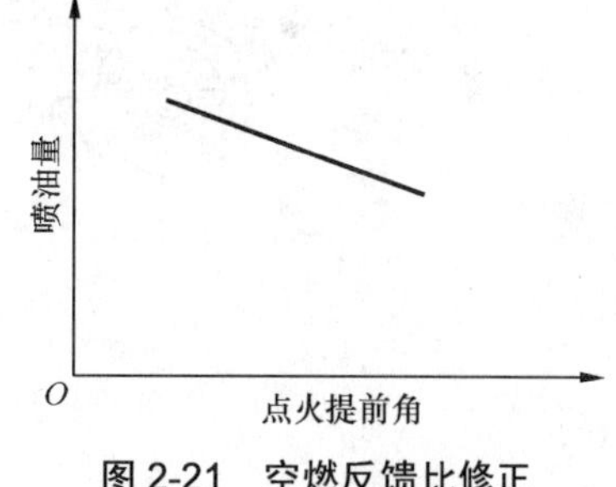

图 2-21　空燃反馈比修正

5．通电时间控制

(1) 通电时间对发动机工作的影响

在发动机工作时，必须保证点火线圈的初级电路有足够的通电时间。但如果通电时间过长，点火线圈会发热并增大电能消耗。要兼顾上述两方面的要求，就必须对点火线圈初级电路的通电时间进行控制。

(2) 通电时间的控制方法

现代电控点火系统和传统的分电器不同，传统的点火线圈初级电路的通电时间取决于断电器触点的闭合角和发动机转速。而现代点火线圈初级电路的通电时间由 ECU 控制，根据发动机的转度信号和电源电压信号确定最佳的闭合角（通电时间），并控制点火器输出指令信号（IGT 信号），以控制点火器中晶体管的导通时间。

(3) 点火线圈的恒流控制

由于现代车采用了高能点火线圈，改善点火性能。为了防止初级电流过大烧坏点火线圈，在部分电控点火系统的点火控制电路中增加了恒流控制电路。

恒流的基本方法是：在点火器功率晶体管的输出回路中增设一个电流检测电阻，用电流在该电阻上形成的电压降反馈控制晶体管的基极电流，只要这种反馈为负反馈，就可使晶体

管的集电极电流稳定，从而实现恒流控制。

(4) 爆燃的控制

爆燃的危害是会导致冷却液过热，功率下降，油耗上升。

控制方法是推迟点火提前角。

二、各类电控点火系统的基本工作原理

1．有分电器电控点火系统

(1) 特点

有分电器电控点火系统只有一个点火线圈，主要的传感器如下。

① 凸轮轴/曲轴位置传感器，确定基本点火提前角。

② 空气流量计，修正点火提前角。

③ 冷却液温度传感器，修正点火提前角。

④ 节气门位置传感器，修正点火提前角。

⑤ 启动开关，发动机启动时点火提前角的主控信号。

⑥ 空调开关，检测空调系统工作状态，修正点火提前角。

⑦ 车速传感器，修正点火提前角。

(2) 组成

有分电器电控点火系统由凸轮轴/曲轴位置传感器、空气流量计、冷却液温度传感器、节气门位置传感器、启动开关、空调开关、车速传感器、ECU、点火器、分电器、高压线以及火花塞等组成，如图 2-22 所示。

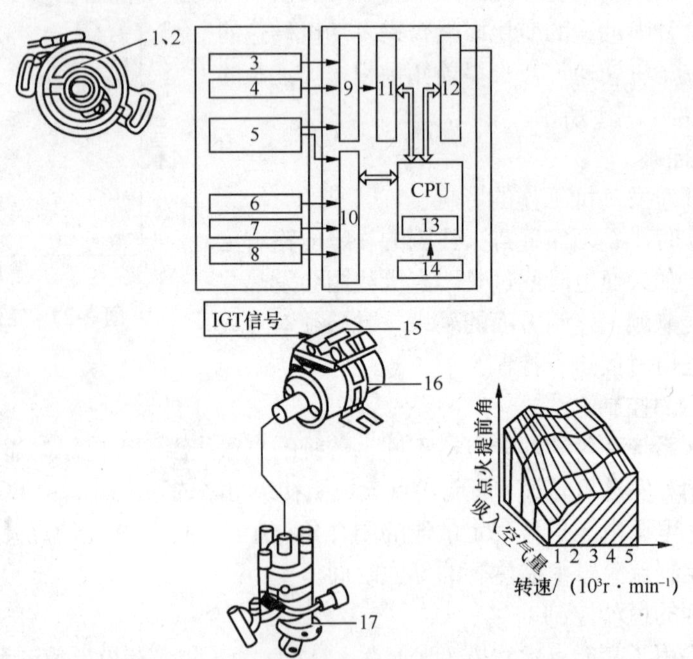

1、2—凸轮轴/曲轴位置传感器；3—空气流量计或过气管绝对压力传感器；4—冷却液温度传感器；5—节气门位置传感器；6—启动开关；7—空调开关；8—车速传感器；9、10—输入回路；11—A/D 转换器；12—输出回路；13—存储器；14—恒定电压电源；15—点火器；16—点火线圈；17—分电器

图 2-22　有分电器电控点火系统的组成

(3) 有分电器电子控制点火的工作原理

有分电器式电控点火系统中由一个点火线圈产生高压电，然后由分电器按点火顺序依次分配到各个汽缸的火花塞,ECU中的微处理器根据曲轴位置传感器输入的G信号和NE信号，确定点火时刻，将点火定时信号（IGT）送给点火器，经其中的闭合角控制电路和点火控制电路，实现点火线圈初级线圈的通电和断电。如图2-23所示，IGF信号为点火确认信号，即利用点火线圈初级电流被切断时产生的反电动势触发IGF信号发生器，输出一个点火确认信号（IGF）反馈给ECU，如果ECU接收不到反馈信号，表明点火系统存在故障，将立即停止燃油喷射，防止淹缸。

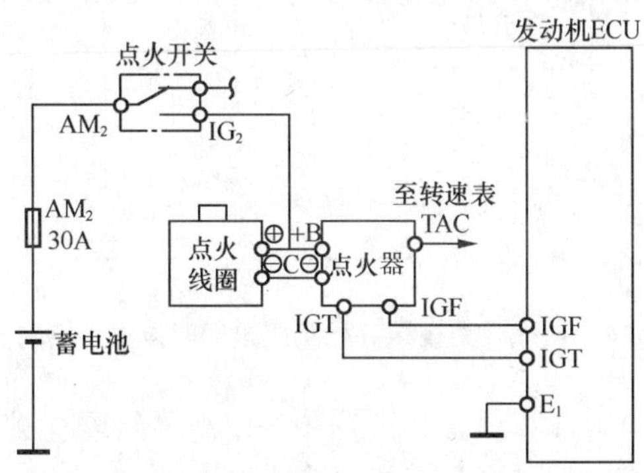

图2-23 有分电器电子控制点火的工作原理

2．无分电器电控点火系统

特点：用电子控制装置取代了分电器，利用电子分火控制技术将点火线圈产生的高压电直接送给火花塞进行点火，点火线圈的数量比有分电器电控点火系统多。

优缺点：分火性能较好，但其结构和控制电路复杂。

根据点火线圈的数量和高压电分配方式的不同，该点火系统又可分为同时点火和独立点火方式两种。

(1) 同时点火方式

同时点火方式的主要特点是两个汽缸的点火电路相互串联，相位差360°，其中一个汽缸的活塞位于压缩上止点附件，处于点火爆发状态，而另一个汽缸的活塞正好位于排气上止点附件，处于排气完毕即将进入吸气行程。同时点火方式按配电方式为二极管分配方式和点火线圈分配方式两种。

① 点火线圈直接分配高压电方式

利用点火线圈直接分配高压电的同时点火电路原理如图2-24所示。

点火线圈组件由3个独立的点火线圈组成（六缸发动机、四缸发动机则只有两个点火线圈），每个点火线圈供两个火花塞工作（六缸发动机1、6缸，2、5缸和3、4缸分别共用一个点火线圈）。点火控制器根据电控单元ECU输出的点火控制信号，按点火顺序轮流控制每个点火线圈产生高压电，再通过高压线直接输送到成对的两缸火花塞电极上产生电火花点燃可燃混合气。

② 二极管分配高压电方式

利用二极管分配高压电的两缸同时点火电路原理如图2-25所示。

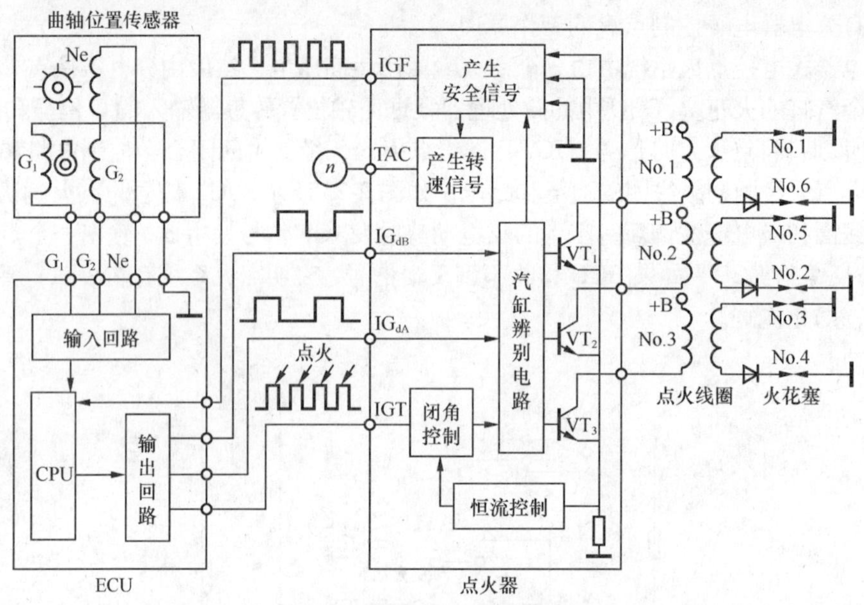

图 2-24　点火线圈直接分配高压电同时点火电路的原理

点火线圈由两个初级线圈（四缸发动机）和一个次级线圈构成，次级线圈的两端通过 4 只高压二极管与火花塞构成回路。4 只二极管有内装式（安装在点火线圈内部）和外装式两种。对于点火顺序为 1—3—4—2 的发动机，1、4 缸为一组，2、3 缸为一组。点火控制器中的两只功率晶体管分别控制一个初级线圈。两只功率晶体管由电控单元 ECU 将 1、4 缸的点火出发信号输入点火器时，功率晶体管 VT 截止初级线圈中的电流切断，次级线圈中就会产生高压电。在该高压电的作用下，二极管 VD_1、VD_4 正向导通，1、4 缸火花塞电极上的电压迅速上升。由于 1 缸活塞已接近压缩行程上止点，汽缸内压力较高，放电较为困难，所需的击穿电压较高，电火花放电能量主要集中于此，称之为有效放电；而 4 缸的活塞已接近排气行程终点，汽缸内的压力接近大气压，放电容易，所需的击穿电压较低，称为无效放电。此时 VD_2、VD_3 反向截止，不能构成放电回路，因此，2、3 缸火花塞电极上无高压电而不能跳火。当电控 ECU 将 2、3 点火触发信号输入点火控制器时，情况刚好和上述情况相反。

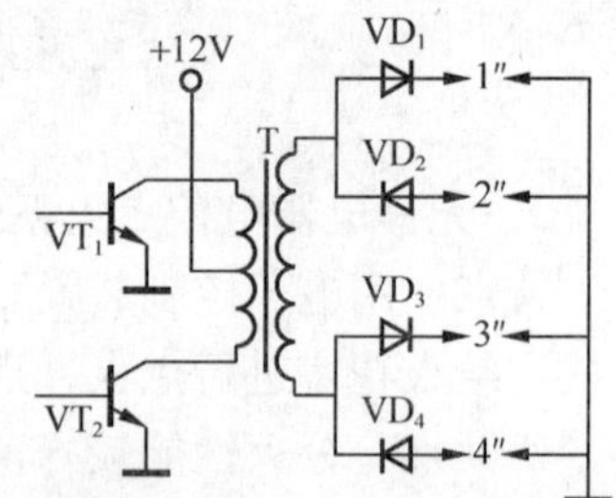

图 2-25　二极管分配高压电的两缸同时点火电路的原理

（2）独立点火系统

独立点火方式是多气门发动机无分电器点火系统中普遍采用的形式。其特点是每个汽缸上配有一个点火线圈和一个火花塞，点火线圈安装在火花塞的上方，取消了高压线，减少能量传导损失，减少了电磁干扰，没有机械磨损，有点火线圈直接向火花塞供电。

在点火控制中，设置有与点火线圈相同数量的大功率晶体管，分别控制每个线圈初级线圈的电流接通与断开，其工作原理与同时点火方式相同。由于点火线圈数量的增加，对于每一个点火线圈的初级线圈的允许通电时间大大增加，消除了分电器高压电配电的不足问题，使得发动机高速运作时“缺火”现象大大改善，保证发动机在任何情况都能可靠点火，如图 2-26 所示。

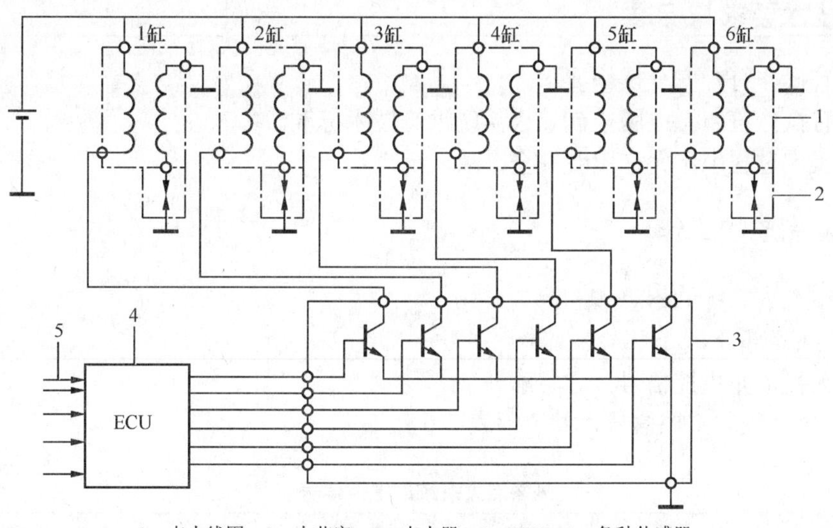

1—点火线圈；2—火花塞；3—点火器；4—ECU；5—各种传感器

图 2-26 独立点火系统结构示意图

第二部分 任务实施

在任务实施的过程中，将学习微电脑控制点火系统的检修和点火系统常见故障的检查程序，点火电路图的分析与运用，检查火花塞、高压线、点火线圈、点火器，检查点火控制模块电路，以及与这些检查相关的一些理论知识，此外还要学习检查与排除无分电器电控点火系统故障，以及“替换法”在故障诊断中的运用。

一、工具准备

在实施工作前，每小组按表 2-5 准备好完成本任务所需的资料、工具。

表 2-5 工具准备

资料、工具的名称	数量
丰田 5A-FE 发动机（或威驰轿车）	1 台
大众 AJR 发动机（或桑塔纳轿车）	1 台
奥迪 A4 发动机（或奥迪 A4 轿车）	1 台
3 种车型维修手册	1 本
万用表	2 个
示波器	1 台
维修导线	1 扎
常用工具	1 套
火花塞套筒	1 个

二、技术要求与标准

① 所有操作符合安全操作要求。
② 所有操作符合微电脑控制点火系统维修技术标准。
③ 在操作过程中不允许出现安全事故。

三、要完成的工作

1．电控点火系统的检修

（1）传感器部分

① 点火提前角主控信号

测量点火系统的主控信号，并填写表 2-6。

表 2-6　测量点火系统的主控信号

传感器名称	车　型	测量端子	测量条件	理论值	测量值
曲轴位置					
凸轮轴位置					
节气门位置					

② 修正信号

测量点火系统的修正信号，并填写表 2-7。

表 2-7　测量点火系统的修正信号

传感器名称	车　型	测量端子	测量条件	理论值	测量值
水温传感器					
启动开关信号					
空气流量计/进气压力传感器					
空调开关					
车速传感器					

③ 反馈信号

测量点火系统的反馈信号，并填写表 2-8。

表 2-8　测量点火系统的反馈信号

传感器名称	车　型	测量端子	测量条件	理论值	测量值
爆燃传感器					

④ 微电脑点火控制信号

测量点火系统的控制信号，并填写表 2-9。

表 2-9　　测量点火系统的控制信号

点火信号名称	车　型	测量端子	测量条件	理论值	测量值
IGT					
IGF					
用示波器检测 IGT 信号的波形，并在右边的框中画出来					

(2) 执行机构

测量点火系统的执行机构，并填写表 2-10。

表 2-10　　测量点火系统的执行机构

零部件名称	车　型	测量端子	测量条件	理论值	测量值
点火器					
点火线圈					
高压线					
用示波器检测点火次级波形，并在右边的表格里描绘	1 缸 2 缸 3 缸 4 缸				

2．点火系统常见故障排除

① 请检查发动机有没有高压火，写出检查步骤。

② 每个汽缸都有高压火花吗？

③ 如果没有高压火花请分析点火线路、并用万用表检查点火电路，写出检查步骤。

任务评价

一、自我评价

1．总结在电控点火系统中引起火花塞不跳火的主要原因及相关部件。

2．本任务给你印象最深的是什么？

3．自己对学习本任务的自我评价（包括着装、学习态度、知识以及技能掌握程度、工作页的填写情况等）。

二、小组评价

序　号	评 价 项 目	评 价 情 况		
		好	中	差
1	团队合作精神			
2	学习是否积极主动			
3	服从工作安排的情况			
4	工具、仪器的使用情况			
5	工具整理、现场清理的情况			

三、教师评价

序　号	评 价 项 目	评 价 情 况		
		好	中	差
1	出勤情况			
2	着装情况			
3	课堂秩序			
4	学习是否积极主动			
5	任务书填写			
6	工具、仪器的使用情况			
7	工具整理、现场清理的情况			

项目三　发动机辅助控制系统的检修

任务一　怠速控制系统的检修与维护

学习目标

◇ 了解怠速控制系统的功能与组成。

◇ 掌握怠速控制系统的工作原理。

◇ 掌握怠速控制系统的检修方法。

建议完成本任务的学时为 12 学时。

内容结构

任务描述

一辆汽车的发动机不能启动，通过诊断仪检查，检查出与怠速控制阀相关的故障码，需要对怠速控制阀（电动机）及电路进行检修。汽车机电维修工根据维修前台接待提供的维修工单，在汽车机电维修工位以及规定工时内以经济的方式按照专业要求使用通用工具、发动机维修专用工具、设备和汽车维修资料等，完成发动机怠速控制系统的故障诊断与维修。按照标准规范对汽车发动机怠速控制系统进行维护、拆卸、检查、修理、安装和调整等工作。对已完成的工作进行记录存档，保持工作场地满足安全作业及 5S 工作要求。

第一部分　任务学习引导

一、怠速控制系统的功能与组成

怠速是指节气门关闭，加速踏板完全松开，且发动机对外无功率输出并保持最低转速的、稳定运转的工况。

发动机在怠速工况下工作时，只需克服内在的摩擦阻力，而对外无输出功率。但发动机怠速的高低不但对油耗有严重的影响（实践证明，在交通流密度大的道路上行车，怠速油耗约占总油耗的 30%），对发动机的排放污染、暖机时间和使用寿命等都有一定程度的影响。因此，使发动机在各种工况下能自动调节其怠速具有十分重要的意义。

怠速控制系统的目的是，在保证发动机排放要求且运转稳定的前提下，尽量使发动机的怠速保持最低，以降低燃油的消耗量。

在汽车使用中，发动机怠速运转的时间占 30%，怠速转速的高低直接影响燃油消耗和排放污染。怠速转速过高，增加燃油消耗，但怠速转速过低，又会增加排放污染。此外在以下几种情况下都需要提高发动机怠速。

① 发动机启动后，冷却水没有达到正常温度前，应自动提高发动机的怠速，以免发动机运转发抖、不稳或熄火，同时缩短暖机时间。

② 在发动机怠速工况下使用空调时，由于发动机的负荷加大，需要自动提高发动机的怠速，以免发动机抖动、熄火。

③ 对动力转向伺服机构来说，在发动机怠速工况下转向行驶时，需要自动提高发动机怠速，以免发动机抖动、熄火，同时使转向轻便、可靠。

④ 在驾驶员快速抬起加速踏板、发动机转速急剧下降时，需要不同程度地自动提高发动机怠速，以免急抬加速踏板时引起发动机抖动、熄火，同时减少排放污染。

在传统的化油器式发动机上，一般由人工调整怠速转速，发动机工作中，不能根据运行工况和负载的变化适时地调整怠速转速。随着电控技术在汽车上的应用，怠速控制已成为发动机集中控制系统的基本控制内容之一。

怠速控制系统的功能是根据发动机工作温度和负载，由 ECU 自动控制怠速工况下的空气供给量，维持发动机稳定转速，如图 3-1 所示。

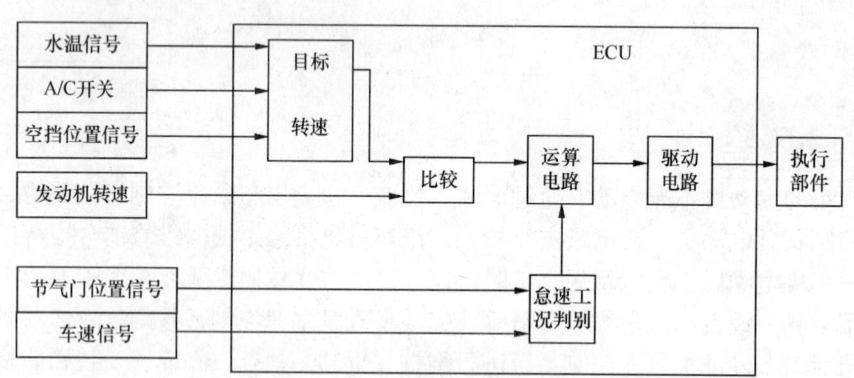

图 3-1　怠速控制系统的组成

在除怠速以外的其他工况下，驾驶员可通过加速踏板控制节气门的开度，从而改变发动机的进气量，以调节发动机的转速和输出功率。而在加速踏板完全松开的怠速工况下，驾驶员则无法控制发动机的进气量。电控汽油喷射式发动机在怠速工况时，空气通过节气门缝隙或旁通气道进入发动机，并由空气流量计（或进气管绝对压力传感器）对进气量进行检测，电控燃油喷射系统则根据各种传感器信号控制喷油量，保证发动机的怠速运转。怠速控制系统主要由传感器、ECU 和执行元件 3 部分组成。

ECU根据传感器的输入信号所决定的目标转速与发动机的实际转速进行比较，根据比较得出的差值，确定相当于目标转速的控制量，去驱动控制空气量的执行机构。一般采用发动机转速的反馈控制形式。在驾驶员控制加速踏板的行驶过程中，如果进行反馈控制，就会和控制加速踏板引起的空气量调节发生干涉。因此需要用节气门全关闭信号、车速信号等来检测怠速状态，并且只能在这种状态下才可实施反馈控制。

怠速控制的实质就是对怠速工况下的进气量进行控制。在发动机集中控制系统中，控制怠速工况下的进气量的方法可分为两种基本类型：节气门直动式和旁通空气式，如图3-2所示。

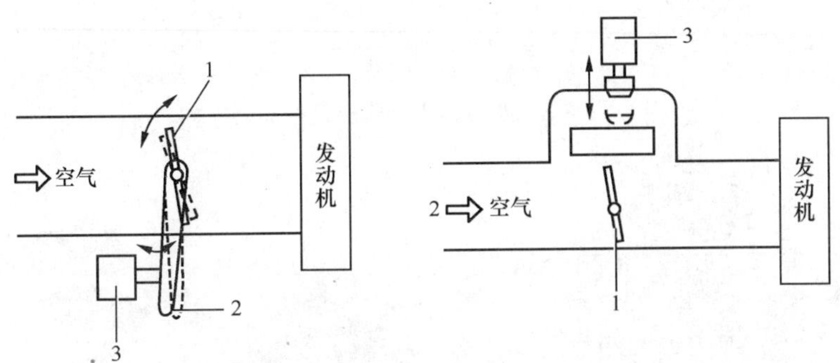

1—节气门；2—节气门操纵臂进气管；3—执行部件

图3-2 控制怠速工况下进气量的方法

节气门直动式怠速控制系统通过执行部件改变节气门的最小开度来控制怠速时的进气量，而在旁通空气式怠速控制中，设有旁通节气门的怠速空气道，由执行元件控制流经怠速空气道的空气量。

二、怠速控制执行部件的类型和工作原理

怠速控制的执行部件的类型因车型而异，目前应用较多的是旁通空气式怠速控制系统。旁通空气式怠速控制系统根据执行部件的不同可分为步进电动机型、旋转电磁阀型以及占空比电磁阀型等。不同车型的怠速控制系统，其控制内容也不完全相同。控制内容通常包括启动控制、暖机控制、负荷变化控制、反馈控制和学习控制等。

1．节气门直动式怠速控制器

如图3-3所示，节气门直动式怠速控制器主要由直流电动机、减速齿轮机构、传动轴和丝杠机构等组成。直流电动机可以正转也可以反转，当直流电动机通电转动时，经过减速齿轮机构减速增扭后，再由丝杠机构将其旋转运动转换为传动轴的直线运动。传动轴顶靠在节气门最小开度限制器上，发动机怠速运转时，ECU根据各种传感器信号，控制直流电动机的正反转和转动量，以改变节气门最小开度限制器的位置，从而控制节气门的最小开度，实现对怠速工况下的进气量进行控制的目的。

2．步进电动机型怠速控制阀

步进电动机型怠速控制阀的结构如图3-4（a）所示。步进动电动机主要由转子和定子组成，丝杠机构将步进电动机的旋转运动转变为直线运动，使阀心作轴向移动，改变阀心与阀座之间的间隙。

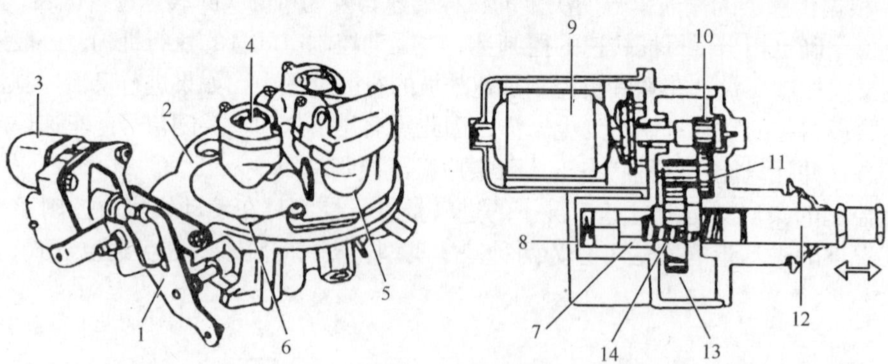

1—节气门操纵臂；2—怠速控制器；3—节气门体；4—喷油器；5—燃油压力调节器；6—节气门；7—防转六角孔；8—弹簧；9—直流电动机；10、11、13—齿轮；12—传动轴；14—丝杠

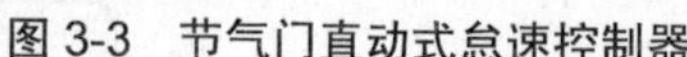
图 3-3 节气门直动式怠速控制器

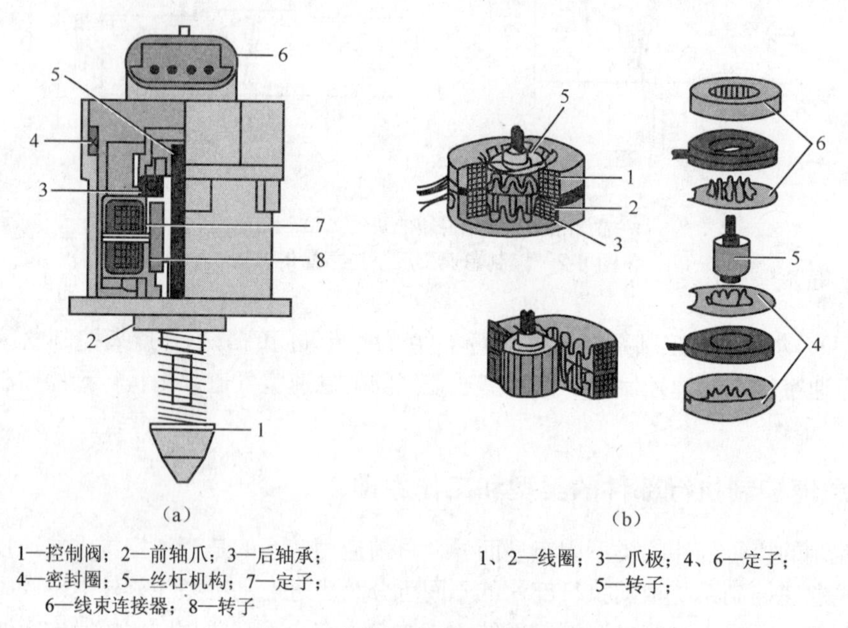

(a) 1—控制阀；2—前轴爪；3—后轴承；4—密封圈；5—丝杠机构；7—定子；6—线束连接器；8—转子

(b) 1、2—线圈；3—爪极；4、6—定子；5—转子；

图 3-4 步进电动机型怠速控制阀

步进电动机的结构如图 3-4（b）所示，主要由用永久磁铁制成的 16 个（8 对）磁极的转子和两个定子铁芯组成。步进电动机的工作原理如图 3-5 所示。当 ECU 控制使步进电动机的线圈按 1—2—3—4 顺序依次搭铁时，定子磁场瞬时针转动，由于与转子磁场间的相互作用，使转子随定子磁场同步转动。同理，步进电动机的线圈按相反的顺序通电时，转子则随定子磁场同步反转。定子有 32 个爪级，步进电动机每转一步为 1/32 圈，工作范围为 0～125 个步进级。

步进电动机型怠速控制阀电路（日本丰田皇冠 3.0 轿车）如图 3-6 所示。主继电器触点闭合后，蓄电池电源经主继电器到达怠速控制阀的 B1 和 B2 端子、ECU 的＋B 和＋B1 端子，B1 端子向步进电动机的 1、3 相两个线圈供电，B2 端子向 2、4 相两个线圈供电。4 个线圈的分别通过端子 S1、S2、S3 和 S4 与 ECU 端子 ISC1、ISC2、ISC3 和 ISC4 相连，ECU 控制各线圈的搭铁回路，以控制怠速控制阀的工作。

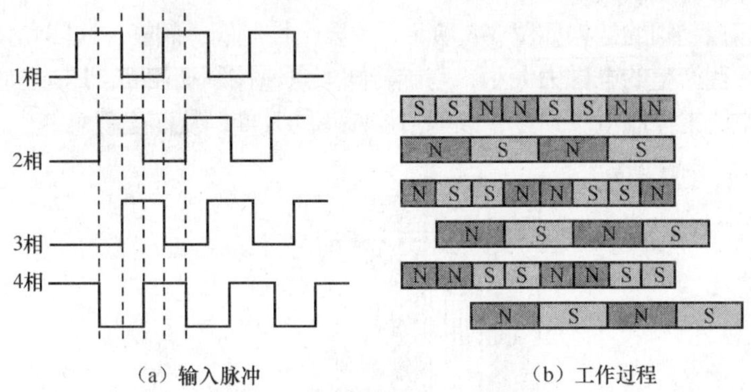

（a）输入脉冲　　（b）工作过程

图 3-5　步进电动机工作原理图

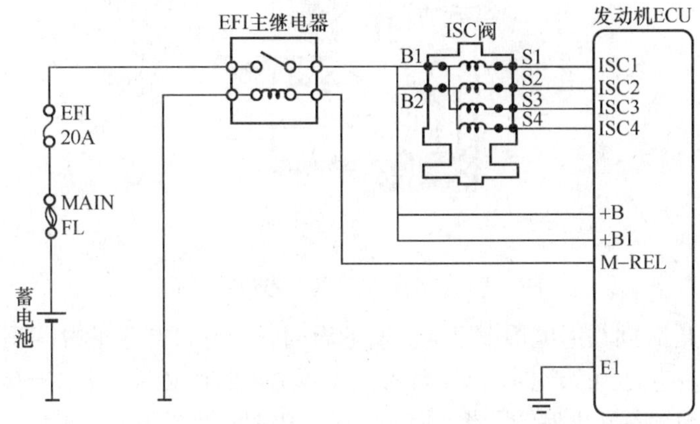

图 3-6　步进电动机型怠速控制阀电路图

3．旋转电磁阀型怠速控制阀

旋转电磁阀型怠速控制阀的结构如图 3-7 所示。ECU 控制两个线圈的通电或断开，改变两个线圈产生的磁场，两个线圈产生的磁场与永久磁铁形成的磁场相互作用，可改变控制阀的位置，从而调节怠速空气口的开度，以实现怠速控制。

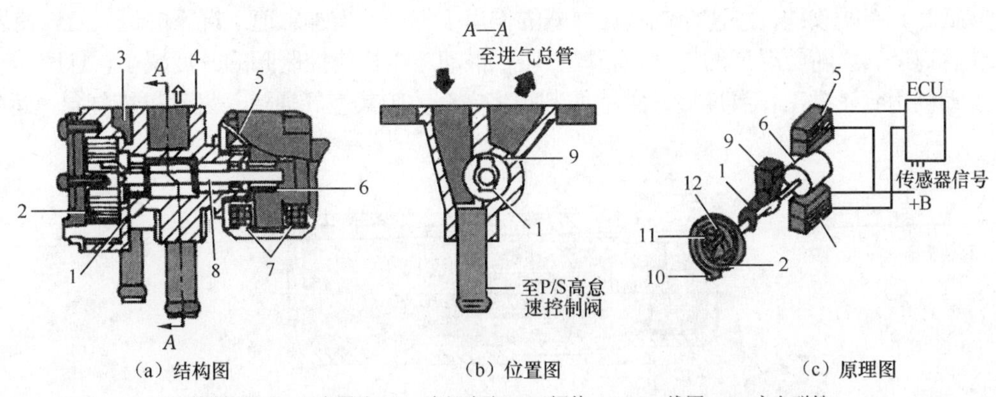

（a）结构图　　（b）位置图　　（c）原理图

1—控制阀；2—双金属片；3—冷却液腔；4—阀体；5、7—线圈；6—永久磁铁；
8—阀轴；9—怠速空气口；10—固定销；11—挡块；12—阀轴限位杆

图 3-7　旋转电磁阀型怠速控制阀

4．占空比式怠速控制阀

占空比式怠速控制阀的结构如图 3-8 所示，主要由控制阀、阀杆、线圈和弹簧等组成。控制阀的开度取决于线圈产生的电磁力大小，与旋转阀型怠速控制阀相同。ECU 是通过控制输入线圈脉冲信号的占空比来控制电场强度，以调节控制阀的开度，从而实现怠速空气量的控制。

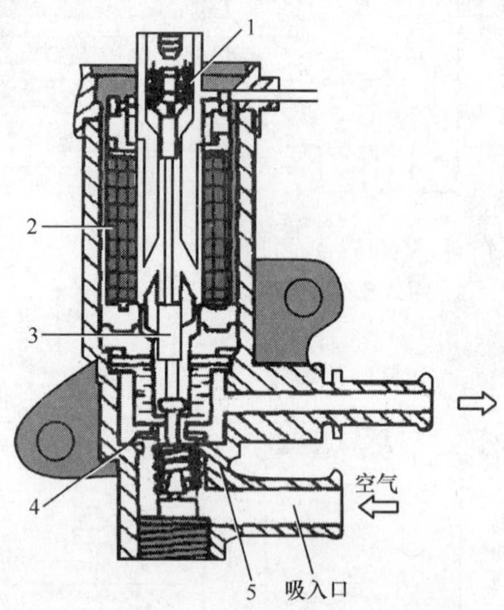

1、5—弹簧；2—线圈；3—阀杆；4—控制阀

图 3-8　占空比电磁阀型怠速控制阀

占空比是指通电时间与通电周期之比。通电周期一般是固定不变的，所以占空比增大，即延长通电时间。当占空比为 50%时，两个线圈的平均通电时间相等，两者产生的磁场强度相同，电磁力相互抵消，阀轴不发生偏转。当占空比大于 50%时，两个线圈的平均通电时间一个增加，而另一个减小，两者产生的磁场强度也不同，所以使阀轴偏转一定的角度，控制阀开启怠速空气口。占空比越大，两个线圈产生的磁场强度相差越多，控制阀的开度越大。因此，ECU 通过控制脉冲信号的占空比即可改变阀的开度，从而控制怠速时的进气量。

占空比怠速控制阀怠速控制的精度有限，在采用此种控制阀的怠速控制系统中，仍需要快怠速控制阀辅助控制发动机暖机过程的空气供给量。快怠速控制阀的结构如图 3-9 所示。快怠速控制阀主要由石蜡感温器、怠速控制阀和弹簧等组成。发动机启动后暖机过程中，冷却液的温度较低时，石蜡收缩，怠速控制阀在弹簧的作用下打开，增加怠速工况下的进气量，使发动机以快怠速运转。随着温度的提高，石蜡膨胀，推动连接杆使控制阀的开度减小，怠速转速下降。发动机达到正常工作温度后，怠速控制阀将完全关闭其空气通道，发动机恢复怠速运转。

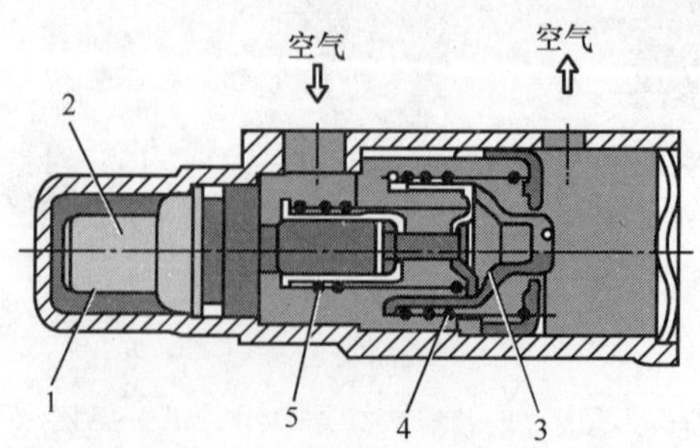

1—冷却水腔；2—石蜡感温器；3—控制阀；4、5—弹簧

图 3-9　快怠速控制阀

第二部分 任务实施

在任务实施过程中，将学习发动机怠速转速的检测、步进电动机式怠速控制阀的检查、旋转电磁阀型怠速控制阀的检查、占空比电磁阀型怠速控制阀的检查、节气门直动式怠速控制系统怠速电动机的更换。

一、工具准备

在实施工作前，每小组按表3-1准备好完成本任务所需的资料、工具。

表3-1 工具准备

资料、工具的名称	数量
电控发动机台架	1台
怠速控制系统组件	1套
万用表	2个
示波器	1台
维修导线	1扎
常用工具	1套

二、技术要求与标准

① 所有操作符合安全操作要求。
② 所有操作符合怠速控制系统的维修技术标准。
③ 在操作过程中不允许出现安全事故。

三、要完成的工作

1．步进电动机型怠速控制阀的检修。
(1) 查阅维修手册，画出步进电动机型怠速控制系统的电路图。
(2) 请按以下步骤检修步进电动机型怠速控制阀，并将测量结果填入表3-2中。

表3-2 测量结果

检测端子	标准值	测量值	是否正常

① 拆下控制阀线束连接器，点火开关置“ON”位，不启动发动机，分别检测B1和B2

与搭铁之间的电压，该电压即为蓄电池的电压。

② 启动发动机后再熄火，2～3s 内在怠速控制阀附近应能听到内部发出的“嗡嗡”声。

③ 拆下控制阀线束连接器，测量 B_1 与 S_1 和 S_3、B_2 与 S_2 和 S_4 之间的电阻，应为 10～30Ω。

④ 拆下怠速电磁阀，将蓄电池的正极接至 B_1 和 B_2 端子，负极按顺序依次接通 S_1—S_2—S_3—S_4 端子时，随步进电动机的旋转，控制阀应向外伸出，如图 3-10 所示，若负极按反方向接通 S_4—S_3—S_2—S_1 端子，则控制阀应向内缩回。

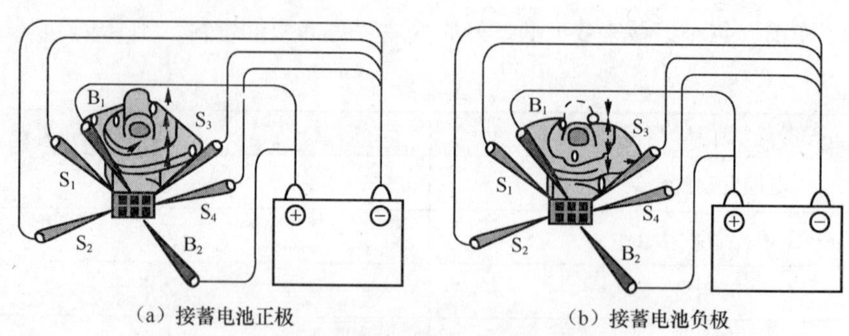

(a) 接蓄电池正极　　(b) 接蓄电池负极

图 3-10　步进电动机型怠速控制阀的检修

2．旋转电磁阀型怠速控制阀的检修。

(1) 查阅维修手册，画出旋转电磁阀型怠速控制系统的电路图。

(2) 请按以下步骤检修旋转电磁阀型怠速控制阀，并将测量结果填入表 3-3 中。

表 3-3　测量结果

检测端子	标准值	测量值	是否正常

① 拆下控制阀线束连接器，点火开关置“ON”位，不启动发动机，分别检测电源端子与搭铁之间的电压，该电压即为蓄电池的电压。

② 发动机达到正常工作温度、变速器处于空挡位置时，使发动机维持怠速运转，用专用短接线接故障诊断座上的 TE1 与 E1 端子，发动机转速应保持在 1000～1200r/min，5s 后转速下降至约为 200 r/min。

③ 拆下怠速控制阀上的 3 端子线束连接器，在控制阀侧分别测量中间端子（+B）与两侧端子（ISC1 和 ISC2）的电阻应为 18.8～22.8Ω。

3．占空比电磁阀型怠速控制阀的检修。

(1) 查阅维修手册，画出占空比电磁阀型怠速控制系统的电路图。

(2) 请按以下步骤检修占空比电磁阀型怠速控制阀，并将测量结果填入表 3-4 中。

表 3-4　　测量结果

检测端子	标准值	测量值	是否正常

① 拆下控制阀线束连接器，点火开关置“ON”位，不启动发动机，分别检测电源端子与搭铁之间的电压，该电压即为蓄电池的电压。

② 拆下怠速控制饭上的两端子线束连接器，在控制阀侧分别测量两端子之间电阻应为10～15Ω。

4．节气门直动式怠速控制系统怠速电动机的更换。

（1）查阅维修手册，画出桑塔纳 2000 怠速控制系统的电路图。

（2）发动机控制单元对节气门体进行控制，怠速开关、怠速节气门电位计以及节气门电位计向控制单元（J220）提供节气门的位置信息，在怠速范围内控制单元控制怠速电动机通过齿轮传动来控制节气门的开度。

① 节气门电位计（G69），直接连接在节气门轴上，为控制单元提供全部调节范围内节气门位置信号。在搭载自动变速器的汽车上，控制单元也利用这个信号控制自动变速器。如果控制单元没有得到节气门电位计信号，则控制单元用发动机转速和空气流量计信号计算出一个替代值。

② 怠速节气门电位计（G88），与怠速电动机连在一起，通知控制单元节气门当时的位置以及怠速范围内怠速电动机的位置。当电位计到达调节范围极限时，节气门继续开启，电位计不再动作。如果信号中断，节气门体利用应急弹簧进入机械应急状态，怠速转速提高。

③ 怠速开关（F60），在整个怠速范围内闭合，系统识别出怠速工况。如果信号中断，控制单元比较节气门电位计和怠速节气门电位计的值，以识别出节气门的怠速位置。

④ 怠速电动机（V60），在怠速调节范围内通过齿轮传动来操纵节气门。如果控制单元对 V60 的控制消失或者电动机损坏，则应急弹簧将节气门拉到一个特定的应急位置。

怠速电动机维修步骤如下。

① 拧下节气门体后盖螺栓，拆下后盖，表面上看，似乎不破坏怠速节气门电位计与怠速电动机之间的传动齿轮就无法将电动机拿出来。

② 拆下固定节气门体上多脚插座的 2 个螺栓，将插座上的连接线拉出少许，此时如果仔细观察就会发现插座固定位置旁有 1 个小孔，这个孔就是怠速电动机与怠速节气门电位计之间的传动齿轮轴定位轴孔。

③ 找 1 个硬度较高的适合铁杆，或者将螺钉旋具打磨成相应的粗细，利用定位轴孔把齿轮轴冲出来，传动齿轮就可以拿下来了。传动齿轮用塑料材质制成，注意冲齿轮轴时不要损坏齿轮。

④ 将覆盖在怠速电动机上的电路板取出，但是有很小一部分被怠速节气门电位计齿

轮挡住了，无法整体取出来，所以只能在较弱的位置用小烙铁将电路板部分塑料截断，再用小螺钉旋具沿着怠速电动机上面的边缘空隙轻轻地撬起电路板，将电路板拿开放在一边。

⑤ 拆开怠速电动机上面的定位板螺钉，取下定位板，怠速电动机就可以拿出来了。做一下清洁工作，将新电动机装上并装复其他部件。电动机不要装反，插片一侧有小点作为标记。

⑥ 将节气门体装在发动机上，使用诊断仪进行基本设定，试车。至此维修工作结束。

任务评价

一、自我评价

1．怠速控制系统常见故障有哪些，应当如何处理？

2．本任务给你印象最深的是什么？

3．自己对学习本任务的自我评价（包括着装、学习态度、知识以及技能掌握程度、工作页的填写情况等）。

二、小组评价

序　　号	评 价 项 目	评 价 情 况		
		好	中	差
1	团队合作精神			
2	学习是否积极主动			
3	服从工作安排的情况			
4	工具、仪器的使用情况			
5	工具整理、现场清理的情况			

三、教师评价

序　　号	评 价 项 目	评 价 情 况		
		好	中	差
1	出勤情况			
2	着装情况			

续表

序　　号	评 价 项 目	评 价 情 况		
		好	中	差
3	课堂秩序			
4	学习是否积极主动			
5	任务书填写			
6	工具、仪器的使用情况			
7	工具整理、现场清理的情况			

任务二　进气与增压控制系统的检修

学习目标

◇ 掌握可变配气相位的分类。

◇ 掌握 VTEC 系统的功用、工作原理和组成。

◇ 掌握进气控制系统的检修方法。

◇ 正确描述废气涡轮增压控制系统的控制过程。

◇ 学会对增压控制系统中各类电磁阀的检测

建议完成本任务的学时为 12 学时。

内容结构

任务描述

在任务学习引导要点的指导下，了解汽车进气控制系统和增压控制系统的类型，掌握这两种系统的工作原理，在工单任务的引领下完成这两种系统的维修和规范的操作，并能安全操作汽车维修设备。对已完成的工作进行记录存档，保持工作场地满足安全作业及 5S 工作要求。

第一部分　任务学习引导

一、可变配气相位控制系统的工作原理与检修

在现代的轿车发动机上，经常可以看见像 VVT- i、VTEC- i、VTEC 以及 VVTL- i 等技术标号。这些技术标号都代表发动机采用了可变配气技术。

可变配气技术，从大类上分，包括可变气门正时和可变气门升程两大类。有些发动机只匹配可变气门正时，如丰田的 VVT- i 发动机；有些发动机只匹配了可变气门升程，如本田的 VTEC；有些发动机既匹配了可变气门正时又匹配了可变气门升程，如丰田的 VVTL- i、本田的 VTEC- i。

1．VTEC 机构的功能

根据发动机转速、负荷等的变化来控制 VTEC 机构工作，改变驱动同一汽缸两进气门工作的凸轮，以调整进气门的配气相位及升程，并实现单进气门工作和双进气门工作的切换。

2．VTEC 机构的组成

VTEC 机构的组成如图 3-11 所示。

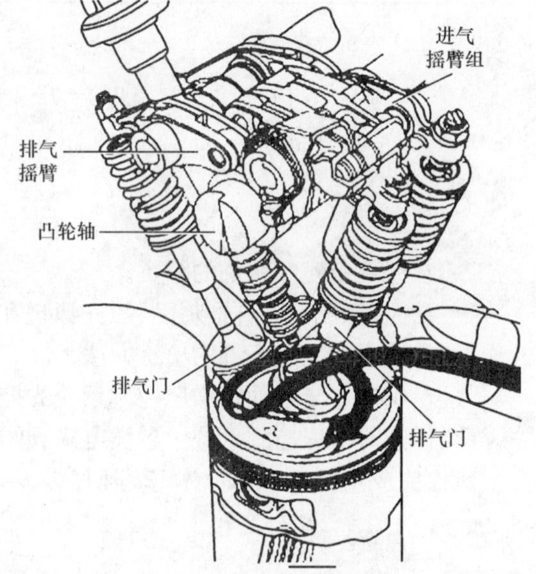

图 3-11　VTEC 机构的组成

同一汽缸有主进气门和次进气门，主摇臂驱动主进气门，次摇臂驱动次进气门，中间摇臂在主、次摇臂之间，不与任何气门直接接触。相应凸轮轴上的凸轮也有主凸轮、中间凸轮和次凸轮。

VTEC 配气机构与普通配气机构相比较，主要区别是：凸轮轴上的凸轮较多，且升程不等，进气摇臂总成的结构复杂。

3．VTEC 机构的工作原理

VTEC 机构的低速运转状态如图 3-12 所示。

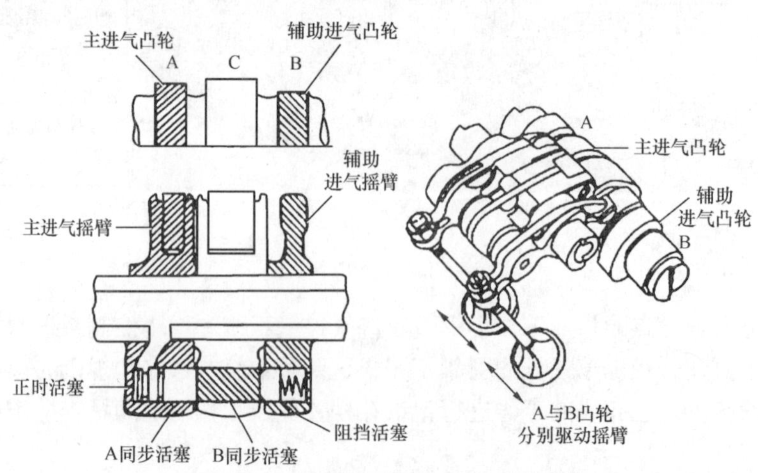

图 3-12　VTEC 机构的低速运转状态

VTEC 机构的高速运转状态如图 3-13 所示。

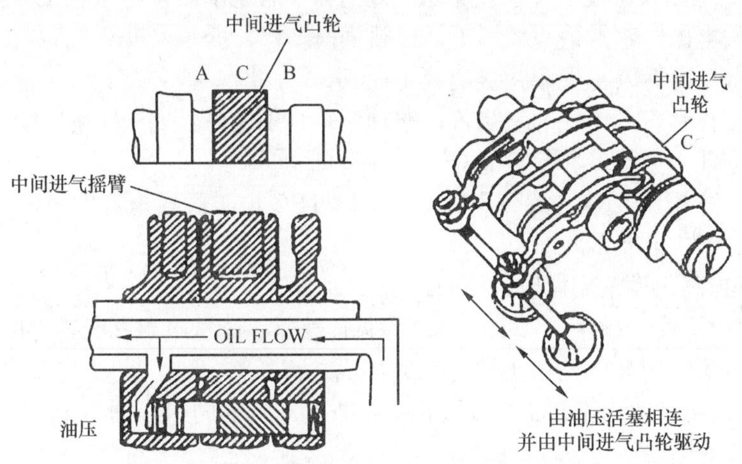

图 3-13 VTEC 机构的高速运转状态

VTEC 机构工作原理如下。发动机低速运转时，电磁阀不通电使油道关闭，此时，3 个摇臂彼此分离，主凸轮通过主摇臂驱动主进气门，中间凸轮驱动中间摇臂空摆；次凸轮的升程非常小，通过次摇臂驱动次进气门微量关闭。配气机构处于单进、双排气门工作状态，单进气门由主凸轮轴驱动。

当发动机高速运转，且发动机转速、负荷、冷却液温度及车速达到设定值时，微电脑向 VTEC 电磁阀供电，使电磁阀开启，来自润滑油道的机油压力作用在正时活塞一侧，由正时活塞推动两同步活塞和阻挡活塞移动，两同步活塞分别将主摇臂和次摇臂与中间摇臂接成一体，成为一个组合摇臂。此时，中间凸轮升程最大，组合摇臂受中间凸轮驱动，两个进气门同步工作，气门的升程、提前开启和迟后关闭角度均比发动机低速时增大。

当发动机转速下降到设定值，微电脑切断 VTEC 电磁阀电流，正时活塞一侧油压下降，各摇臂油缸孔内的活塞在回位弹簧作用下，3 个摇臂又彼此分离而独立工作。

4．VTEC 系统电路

ECU 根据发动机转速、负荷、冷却液温度和车速信号控制 VTEC 电磁阀。电磁阀通电后，通过压力开关给微电脑提供一个反馈信号，以便监控系统工作。VTEC 系统电路如图 3-14 所示。

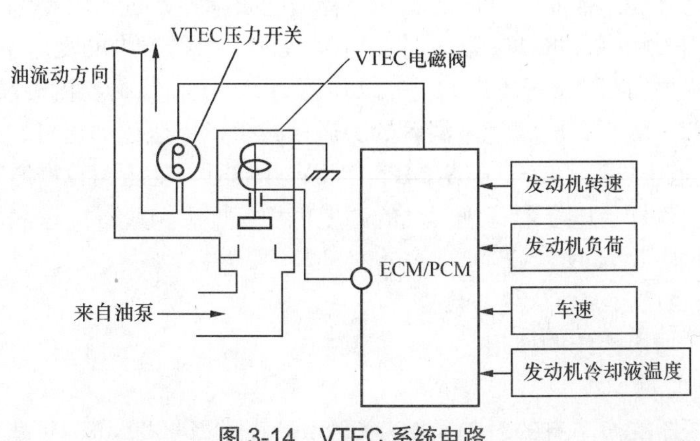

图 3-14 VTEC 系统电路

5．VTEC 系统的检修

拆下 VTEC 电磁阀总成后，检查电磁阀滤清器，若滤清器有堵塞现象，应更换滤清器和发动机润滑油。电磁阀密封垫一经拆下，必须更换新件。拆开 VTEC 电磁阀，用手指检查阀的运动是否自如，若有发卡现象，应更换电磁阀。

发动机不工作时，拆下气门室罩盖，转动曲轴分别使各缸处于压缩上止点位置，用手按压中间摇臂，应能与主摇臂和次摇臂分离单独运动。

在使用中，本田车系若有故障码 21，说明 VTEC 电磁阀或电路有故障，应按以下步骤进行检查。

① 清除故障码，再重新调取故障码。

② 关闭点火开关，拆开 VTEC 电磁阀线束连接器，测量电磁阀线圈电阻应为 14～30Ω。

③ 检查 VTEC 电磁阀与微电脑之间的接线是否断路。

④ 启动发动机，达到正常工作温度后，检查发动机的转速分别为 1000r/min、2000r/min 和 4000 r/min 时的机油压力。

⑤ 用换件法检查微电脑是否有故障。

二、增压控制系统的原理与检修

1．废气涡轮增压系统的功能

采用增压技术提高进气压力，是提高发动机的动力性和经济性的重要措施之一，尤其对在高原地区使用的汽车更有意义。但汽油发动机的进气压力过高，容易产生爆燃。在采用增压技术的发动机上，增压控制系统的功能是：根据发动机进气压力的大小，控制增压装置的工作，以达到控制进气压力，提高发动机动力性和经济性的目的。

根据增压装置的使用动力源不同，增压装置可分为废气涡轮增压和动力增压两种类型。前者利用发动机排出的废气能量驱动增压装置工作，后者则是利用发动机输出动力或电源驱动增压装置工作。目前多采用废气涡轮增压。

2．废气涡轮增压系统的组成

废气涡轮增压系统的主要部件有涡轮增压器、增压压力电磁阀、膜片式放气控制阀和冷却器。涡轮增压器内有动力涡轮和增压涡轮，它们安装在同一根轴上。

3．废气涡轮增压系统的工作原理

控制废气流动路线的切换阀由驱动气室控制，在涡轮增压器出口与驱动气室之间的压力空气通道中装有受 ECU 控制的释压电磁阀，释压电磁阀控制进入驱动气室的气体压力。当 ECU 检测道进气压力在 0.098MPa 以下时，VSV 关闭，执行器内的受压空气经 VSV 逸出到压缩轮侧的进气管内，此时执行器内的受压气体压力 $P_a < P_b$，执行器内的膜片受压变形减小，废气阀的开度也相应减小，废气绕过涡轮的旁通量减少，增压压力上升，如图 3-15 所示。

当 ECU 检测道进气压力高于 0.098MPa，VSV 开启时，受压缩轮增压的气体直接作用在执行器的膜片上，膜片受压变形，废气阀的开度也相应增大，废气绕过涡轮的旁通量增多，增压压力下降，如图 3-16 所示。

4. 废气涡轮增压系统的使用与检修

(1) 废气涡轮增压系统的使用

① 选择优质机油

装载涡轮增压器的汽车有的行驶了 100000km，甚至 200000km，并没有出现涡轮增压器损坏的现象。目前大部分出现问题的涡轮增压器都是因为涡轮增压器和进气管之间的油封密封圈损坏，造成烧机油。而油封损坏的主要原因是因为更换机油的周期太长或使用劣质机油，造成浮动的涡轮主转轴缺少润滑和散热，进而首先损坏了油封，造成漏油。

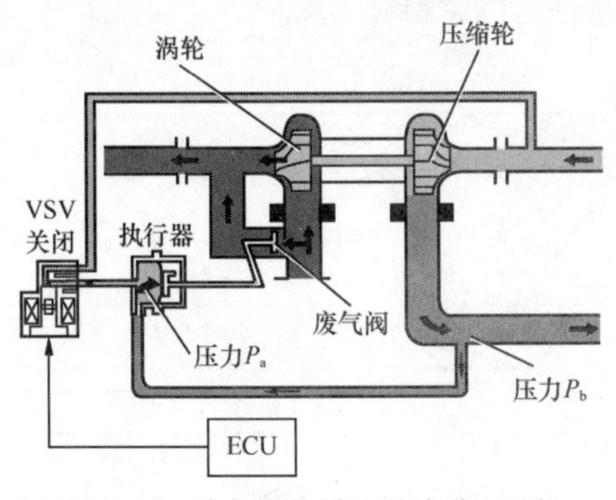

图 3-15　废气涡轮增压系统增压过程

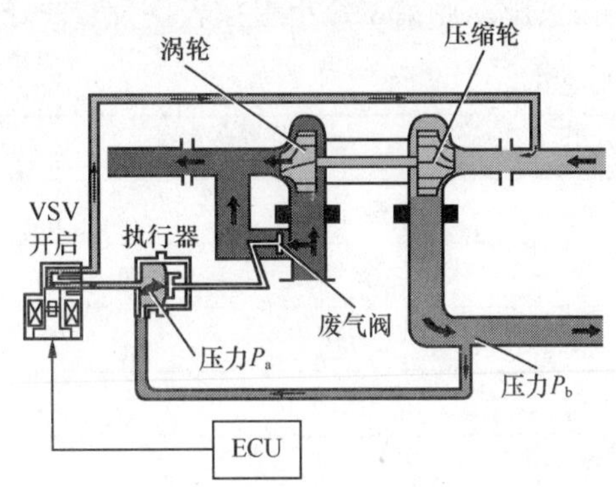

图 3-16　废气涡轮增压系统减压过程

② 养成良好习惯

汽车上安装的涡轮增压器的工作温度很高。在汽车起步时，应温柔驾驶。由于涡轮增压器是靠机油来冷却的，冷车启动时机油的润滑性能不佳，这时增压器如果高速运转，磨损会很大。应先怠速运转两三分钟，等机油的润滑性能好了再让发动机以高转速运转，从而使涡轮增压器得到充分润滑，这点在冬天显得尤为重要。

③ 汽车高速运转后，切勿立即熄火

突然熄火，机油润滑会中断，涡轮增压器内部的热量也无法被机油带走，容易造成涡轮增压器转轴与轴套之间“咬死”。此外，发动机突然熄火后，通往涡轮增压器的机油停止流动，如果此时排气歧管的温度很高，其热量就会被吸收到涡轮增压器壳体上，将停留在增压器内部的机油熬成积炭。当这种积炭越积越多时就会阻塞进油口，导致轴套缺油，加速涡轮转轴与轴套之间的磨损，甚至产生“咬死”的严重后果。因此，发动机熄火前应怠速运转 3min 左右，以使涡轮增压器转子转速下降。但涡轮增压发动机也不可长时间怠速运转，否则增压器也会因机油压力过低而导致润滑不良，一般怠速时间不应超过 10min。

④ 进行定期检查

由于涡轮增压器的成本较高，甚至长期不良使用还造成涡轮增压器损坏甚至发动机损坏的严重后果，所以对汽车的定期检查必须高度重视。这样可以及早发现汽车存在的问题，以免造成不可挽回的损失。

（2）废气涡轮增压系统的检修

① 检查进气室和真空管路有无漏气。

② 真空开关阀电路有无短路或断路，真空开关阀的电阻是否符合标准。

③ 视情况维修或更换损坏的零件。

第二部分　任 务 实 施

在任务实施的过程中，将学习汽车维修企业的常见安全设备，并分组实施，在规定的时间内完成作业。

一、工具准备

在实施作业前，每小组按表 3-5 准备好本任务所需的资料、工具。

表 3-5　　工具准备

资料、工具的名称	数　量
教学整车	1 台
诊断仪	1 台
万用表	1 只
常用工具	1 套

二、技术要求与标准

① 所有操作符合安全技术标准。
② 所有操作符合汽车的维修技术要求。
③ 在操作过程中不允许出现安全事故。

三、要完成的工作

1．VTEC 控制系统的检修。

（1）查阅维修手册，画出 VTEC 控制系统的电路图。

（2）发动机不工作时，拆下气门室罩，转动曲轴分别使各个汽缸处于压缩上止点位置，用手按压中间摇臂，应能与主摇臂和次摇臂分离单独运动。

在使用中，本田车系若有故障码 21，说明 VTEC 电磁阀或电路有故障，按以下步骤进行检查，并将测量结果填入表 3-6 中。

表 3-6　　测量结果

检 测 端 子	标 准 值	测 量 值	是 否 正 常

① 清除故障码，再重新调取故障码。

② 关闭点火开关，拆开 VTEC 电磁阀线束，测电磁阀线圈电阻应为 14～30Ω。

③ 检查 VTEC 电磁阀与微电脑之间的接线。

④ 启动发动机，当工作温度正常时，检查发动机转速分别为 1000r/min、2000r/min 和 4000r/min 时的机油压力。

⑤ 用换件法检查微电脑是否有故障。

2．涡轮增压系统有问题对发动机有何影响?

任务评价

一、自我评价

1．总结进气控制系统和涡轮增压控制系统的工作原理。

2．请写出对本任务的体会。

3．自己对学习本任务的自我评价（包括着装、学习态度、知识以及技能掌握程度、工作页的填写情况等）。

二、小组评价

序　　号	评 价 项 目	评 价 情 况		
		好	中	差
1	团队合作精神			
2	学习是否积极主动			
3	服从工作安排情况			
4	工具、仪器的使用情况			
5	工具整理、现场清理的情况			

三、教师评价

序　　号	评 价 项 目	评 价 情 况		
		好	中	差
1	出勤情况			
2	着装情况			
3	课堂秩序			
4	学习是否积极主动			
5	任务书填写			
6	工具、仪器的使用情况			
7	工具整理、现场清理的情况			

任务三　排气控制系统的检修

◇ 了解汽车废气的成分以及降低发动机排出有害气体的方法。

◇ 掌握三元催化器、曲轴箱强制通风（PCV）系统、燃油蒸发控制（EVAP）。

◇ 废气再循环（EGR）系统的作用与工作原理。

建议完成本任务的学时为 12 学时。

内容结构

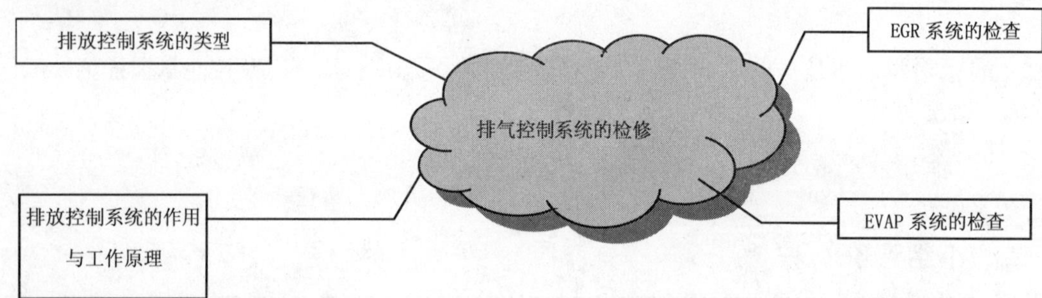

在任务学习引导要点的指导下，了解排放控制系统的类型，掌握排放控制系统的工作原理。在工单任务的引领下完成排放控制系统的检修和规范的操作，并能安全操作汽车维修设备。对已完成的工作进行记录存档，保持工作场地满足安全作业及 5S 工作要求。

第一部分　任务学习引导

随着汽车工业的发展，汽车的保有量不断增加，汽车排放污染对人类环境的危害已成为一种严重的社会公害。汽车的排放污染主要来源于发动机排出的废气（占 65%以上）、曲轴箱窜气（占 20%）和燃料供给系统中蒸发的汽油蒸气（占 10%～20%）。汽油机的主要排放污染物是一氧化碳、碳氢化合物和氮氧化合物。柴油机的主要排放污染物是一氧化碳、氮氧化合物和碳烟。

针对汽车污染源和各种污染物的产生机理，近年来，在现代汽车尤其是轿车上装用了多种排放控制系统，主要包括曲轴箱强制通风（PCV）系统、汽油蒸气排放（EVAP）控制系统、废气再循环（EGR）系统、三元催化（TWC）系统、二次空气供给系统和热空气供给系统等。

一、曲轴箱强制通风（PCV）系统的功能和工作原理

1．PCV 系统的功能

① 防止润滑油变质，减少摩擦机件的腐蚀。发动机工作时有一部分可燃混合气和废气漏到曲轴箱内，漏到箱内的汽油蒸气凝结而将机油变稀，性能变坏，降低润滑效果。如果废气

中含有水蒸气和硫的气体，则会形成硫酸，对机件产生腐蚀。

② 降压降温防热。漏入曲轴箱内的气体使箱内压力、温度升高，造成机油从油封衬垫处渗漏出去。通风后对机油有一定的冷却降压防漏作用。

③ 回收可燃气体有利于提高燃油的经济性，也减少了排放的污染。

2．PCV 系统的工作原理（如图 3-17 所示）

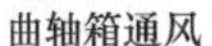

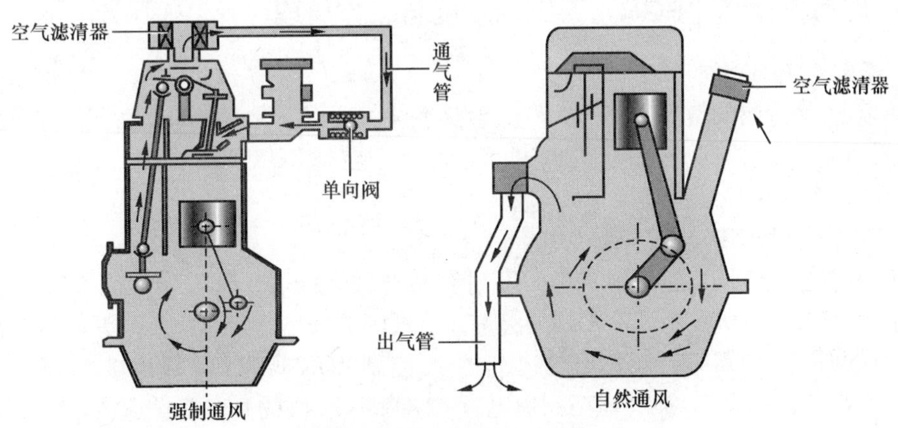

图 3-17　PCV 系统的工作原理

二、汽油蒸气排放（EVAP）控制系统的功能与工作原理

1．EVAP 系统的功能

EVAP 系统收集汽油箱内蒸发的汽油蒸气，并将汽油蒸气导入汽缸参加燃烧，从而防止汽油蒸气直接排入大气而造成污染。同时，还根据发动机的工况，控制导入汽缸参加燃烧的汽油蒸气量。

2．EVAP 系统的组成

汽油蒸气排放控制系统主要由油箱盖、油箱、单向阀、排气管、电磁阀、节气门、进气门、真空阀、真空控制阀、定量排放孔以及活性炭罐组成，如图 3-18 所示。

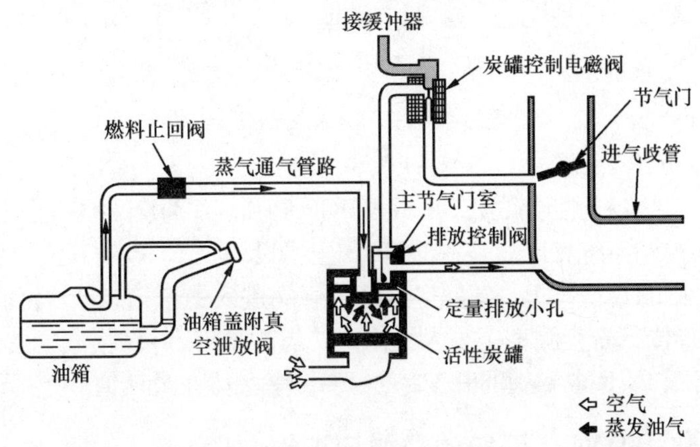

图 3-18　汽油蒸发控制系统的结构

3．EVAP 系统的工作原理

发动机熄火后，汽油蒸气与新鲜空气在罐内混合并储存在活性炭罐中，当发动机启

动后，装在活性炭罐与进气歧管之间的电磁阀门打开，活性炭罐内的汽油蒸气在进气管的真空度作用下被洁净空气带入汽缸内参加燃烧。这样做不但降低了排放，而且也降低了油耗。

发动机工作时，ECU 根据发动机转速、温度、空气流量等信号，控制炭罐电磁阀的开闭来控制排放控制阀上部的真空度，从而控制排放控制阀的开度。当排放控制阀打开时，汽油蒸气通过排放控制阀被吸入进气歧管。

三、废气再循环（EGR）系统的功能与工作原理

1．EGR 系统的功能

EGR 系统将适当的废气重新引入汽缸参加燃烧，从而降低汽缸的最高温度，以减少 NO_x 的排放量。EGR 系统分为开环控制 EGR 系统和闭环控制 EGR 系统。

2．EGR 系统的工作原理

（1）开环控制 EGR 系统

EGR 阀安装在废气再循环通道中，用以控制废气再循环量。EGR 电磁阀安装在通向 EGR 真空通道中，ECU 根据发动机冷却液的温度、节气门的开度、转速和启动等信号来控制电磁阀的通电或断电。ECU 不给 EGR 电磁阀通电时，控制 EGR 阀的真空通道接通，EGR 阀开启，进行废气再循环；ECU 给 EGR 电磁阀通电时，控制 EGR 阀的真空度通道被切断，EGR 阀关闭，停止废气再循环，如图 3-19 所示。

$$\text{EGR 率} = [\text{EGR 量}/(\text{进气量} + \text{EGR 量})] \times 100\%$$

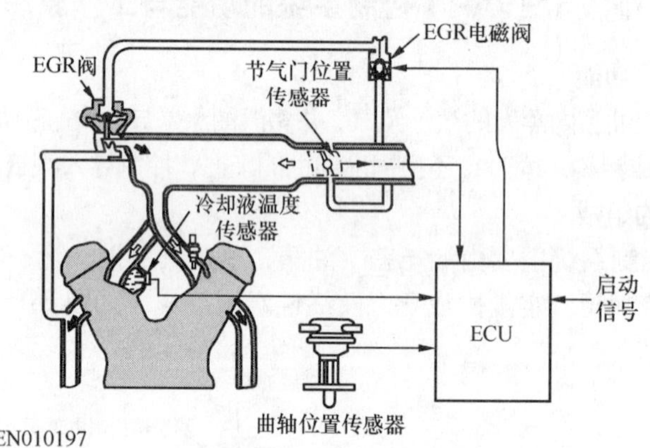

图 3-19　开环控制 EGR 系统

（2）闭环控制 EGR 系统

闭环控制 EGR 系统，检测实际的 EGR 率或 EGR 阀开度作为反馈控制信号，其控制精度更高。

该系统与开环控制系统相比只是在 EGR 阀上增设一个 EGR 阀开度传感器。EGR 率传感器安装在进气总管中的稳压箱上，新鲜空气经节气门进入稳压箱，参与再循环的废气经 EGR 电磁阀进入稳压箱，传感器检测稳压箱内气体中的氧的浓度，并转换成电信号输送 ECU，ECU 根据此反馈信号修正 EGR 电磁阀的开度，使 EGR 率保持在最佳值。

四、三元催化（TWC）系统的功能与工作原理

1．TWC 系统的功能

TWC 系统利用转换器中的三元催化剂，将发动机排出废气中的有害气体转变为无害气体。

2．TWC 的构造

TWC 的构造如图 3-20 所示。三元催化剂一般为铂（或钯）与铑的混合物。

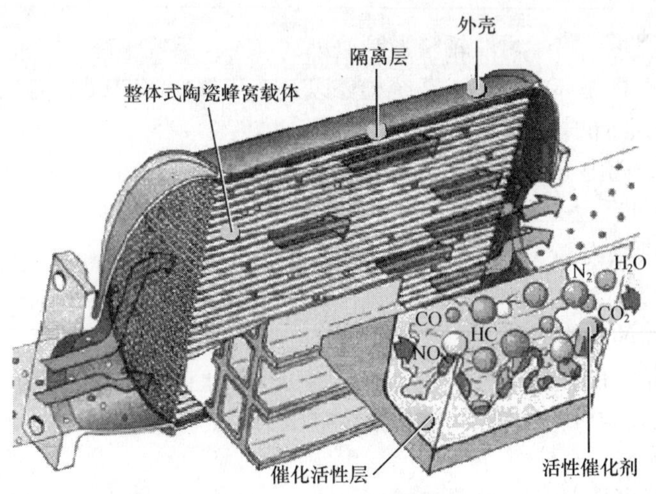

图 3-20 TWC 的构造

3．影响 TWC 转换效率的因素

对于 TWC 转换率而言，影响最大的因素是混合气的浓度和排气温度。

只有在理论空燃比为 14.7 左右时，三元催化转化器的转化效率最佳，一般都装有氧传感器用于检测废气中的氧的浓度。氧传感器信号输送给 ECU，用来对空燃比进行反馈控制。

此外，发动机的排气温度过高（815℃以上），TWC 转换效率将明显下降。

第二部分 任 务 实 施

在任务实施的过程中，将学习发动机排气控制系统的结构及检修方法。建议分小组进行实施，在规定的时间内完成。

一、工具准备

在实施作业前，每小组按表 3-7 准备好本任务所需的资料、工具。

表 3-7 工具准备

资料、工具的名称	数 量
教学整车	1 台
诊断仪	1 台
万用表	1 只
常用工具	1 套

二、技术要求与标准

① 所有操作符合安全技术标准。

② 所有操作符合汽车排气控制系统的维修技术要求。

③ 在操作过程中不允许出现安全事故。

三、要完成的工作

在任务实施过程中，将学习曲轴箱强制通风（PCV）系统检修、汽油蒸气排放（EVAP）控制系统检修、废气再循环（EGR）系统检修以及三元催化（TWC）系统检修。

1．EVAP 控制系统的检测

查阅维修手册，画出 EVAP 控制系统的电路图。

① 一般维护

检查管路有无破损或漏气，炭罐壳体有无裂纹，每行驶 20000km 应更换活性炭罐底部的进气滤芯。

② 真空控制阀的检查

拆下真空控制阀，用手动真空泵由真空管接头给真空控制阀施加约 5kPa 真空压力时，从活性炭罐侧孔吹入空气应畅通，不施加真空压力时，吹入空气则不通。

③ 电磁阀的检查

拆开电磁阀进气管一侧的软管，用手动真空泵由软管接头给控制电磁阀施加一定的真空压力，电磁阀不通电时应能保持真空压力，若接蓄电池电压，真空压力应释放。测量电磁阀两端子之间的电阻应为 36～44Ω。将测量结果填入表 3-8 中。

表 3-8　　测量结果

检 测 端 子	标 准 值	测 量 值	是 否 正 常

2．EGR 控制系统的检修

① 一般检查

拆下 EGR 阀上的真空软管，发动机转速应无变化，用手触试真空软管应无真空吸力；发动机温度达到正常工作温度后，怠速时检查结果应与冷机时相同，若转速提高到 2500r/min 左右，拆下真空软管，发动机转速有明显提高。

② EGR 电磁阀的检查

冷态测量电磁阀电阻应为 33～39Ω。电磁阀不通电时，从进气管侧吹入空气应畅通，从滤网处吹应不通；接上蓄电池电压时，应相反。

③ EGR 阀的检查

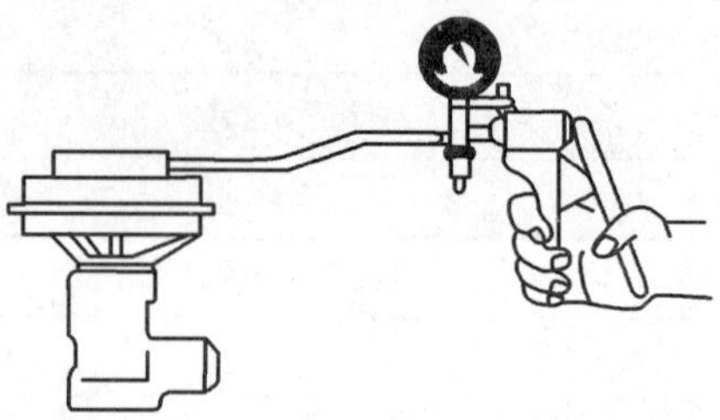

图 3-21　EGR 阀的检查

如图 3-21 所示，用手动真空泵给 EGR 阀膜片上方施加约 15kPa 的真空压力，EGR 阀应能开启，不施加真空压力，EGR 阀应能完全关闭。

3．TWC 的检修

（1）使用注意事项如下。

① 装有氧传感器和 TWC 装置的汽车，禁止使用含铅汽油。

② 装用蜂巢形转换器的汽车，一般汽车每行驶 80000km 后应更换转换器芯体。

③ 装用颗粒型转换器的汽车，其颗粒形催化剂的质量低于规定值时，应更换。

(2) 启动发动机通过检查氧传感器的电压判断 TWC 的转化效率。

任务评价

一、自我评价

1．排放控制系统常见故障有哪些，应当如何处理？

2．请写出对本任务的体会。

3．自己对学习本任务的自我评价（包括着装、学习态度、知识以及技能掌握程度、工作页的填写情况等）。

二、小组评价

序　号	评价项目	评价情况		
		好	中	差
1	团队合作精神			
2	学习是否积极主动			
3	服从工作安排情况			
4	工具、仪器的使用情况			
5	工具整理、现场清理的情况			

三、教师评价

序　号	评价项目	评价情况		
		好	中	差
1	出勤情况			
2	着装情况			
3	课堂秩序			
4	学习是否积极主动			
5	任务书填写			
6	工具、仪器的使用情况			
7	工具整理、现场清理的情况			

项目四 典型车型发动机电控系统的检修

任务一 本田飞度汽车发动机综合故障的诊断与检修

◇ 了解本田飞度汽车发动机电控系统的基本结构特点。
◇ 叙述本田飞度汽车发动机电控系统的组成与工作原理。
◇ 能够正确地找到各组成部分的位置。
◇ 能排除本田飞度汽车发动机的常见故障。

建议完成本任务的学时为 12 学时。

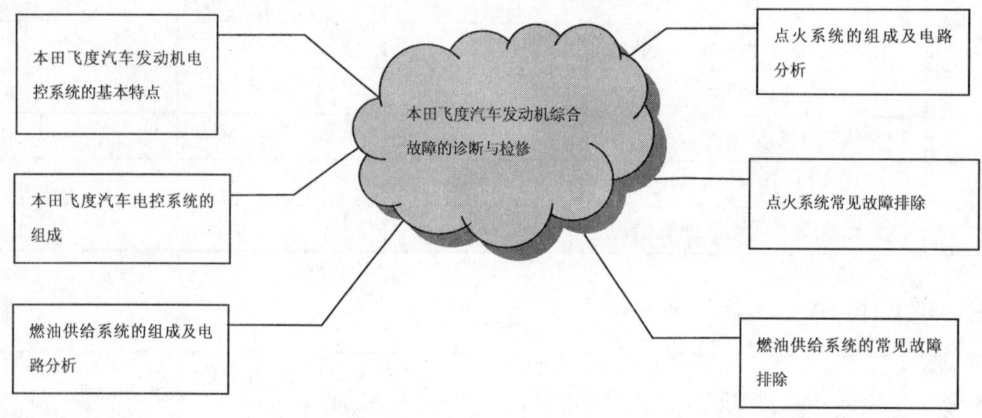

任务描述

一辆本田飞度汽车，在行驶过程中发动机突然熄火了，再次启动发动机，发现发动机无着车迹象。汽车机电维修工根据维修前台接待提供的维修工单，在汽车机电维修工位以及规定工时内以经济的方式按照专业要求使用通用工具、发动机维修专用工具、设备和汽车维修资料等，完成对一台本田飞度汽车发动机的故障诊断与维修。按照标准规范对本田飞度汽车发动机电控系统进行维护、拆卸、检查、修理、安装和调整等工作。对已完成的工作进行记录存档，保持工作场地满足安全作业及5S工作要求。

第一部分 任务学习引导

一、本田飞度汽车发动机概述

1．系统特点

（1）电子控制

燃油排放系统的功能，是由手动变速器车型上的发动机控制模块（ECM）及自动变速器车型上的动力系统控制模块（PCM）进行控制的。

（2）失效保护功能

当某传感器的信号异常时，ECM/PCM 忽略这个异常信号，并为该传感器替换一个预先编入的程序数值，以使发动机继续运转。

（3）后备功能

ECM/PCM 中出现异常时，喷油器由一个独立于系统的备用电路控制，以维持最低的驾驶需要。

（4）自诊断功能

当某传感器的信号异常时，ECM/PCM 为故障指示灯（MIL）提供搭铁，并将故障诊断代码（DTC）储存于可擦除存储器中。当点火开关首次接通时，ECM/PCM 为 MIL 提供 2s 搭铁，并检查 MIL 灯的状况。

2．基本概述

目前市场上的本田飞度汽车装备了两种发动机，如图 4-1 所示，即 1.3L 的 i-DSI 智能双火花塞发动机与 1.5L 的 VTEC 发动机。两种发动机除了排量上的差距，性能上也有差别，从总的方面来说，1.5L 发动机比较先进。

（1）1.3L 的 i-DSI 发动机

1.3L 的 i-DSI 发动机为直列四缸八气门形式，是本田在中国国内的第一次实际应用，目前已引进到东风本田发动机厂生产。从外形上讲，i-DSI 发动机的结构紧凑，能减少发动机在整车中所占的空间，并由此可达到增加驾乘空间的目的。从性能上看，这款发动机的先进性表现在环保性、低油耗及足够的动力输出方面。由于采用了智能双火花塞设计，发动机在全程范围内实现速燃，使得在中低转速下的扭矩达到了一个很高的水平，其峰值扭矩输出在 2800r/min 时即可实现 116N·m 的输出。同时该技术的采用大大降低了发生爆燃的可能性，使得高压缩比的汽油机生产成为了可能，从而提高了燃油经济性。

（2）1.5L 的 VTEC 发动机

1.5L 的 VTEC 发动与 i-DSI 发动机相比，其动力性能更加优越。VTEC 技术是世界上第一个能同时控制气门开闭时间及升程等两种不同情况的气门控制系统，以此可极大地提高发动机的燃烧效率和性能，可以说是本田的骄傲。装配这款发动机的飞度自身质量仅比装配 i-DSI 发动机飞度多 7kg，但动力的确强劲很多。其最大功率为 79kW，最大扭矩也达 143N·m，加速性能及最高车速表现更加优异，比多数 1.6L 发动机还要出色。

图 4-1 本田飞度 1.3L 发动机的结构

二、本田飞度汽车发动机燃油供给系统介绍

1．电控燃油喷射系统

本田飞度汽车的发动机采用了顺序喷射的形式，控制原理如图 4-2 所示，具有减速断油功能，节气门关闭时的减速过程中，通过喷油器的电流被切断，以提高发动机在 800r/min 以上转速下的燃油经济性。燃油切断控制也在发动机转速超过 6200r/min 时发生，不论节气门的位置如何，从而保证发动机不超速旋转。汽车欲停止行驶时，PCM 在发动机转速超过 5000r/min（M/T；6200r/min）时切断燃油。

2．燃油泵的控制

接通点火开关时，ECM/PCM 将 PGM-FI 主继电器搭铁，该继电器向燃油泵提供电流，以便为燃油控制系统提供压力。发动机运转过程中，ECM/PCM 将 PGM-FI 主继电器搭铁，并接通流向燃油泵的电流。发动机停转，在点火开关接通的情况下，ECM/PCM 断开 PGM-FI 主继电器搭铁，从而切断流向燃油泵的电流。

PGM-FI 继电器由两个单独的继电器组成。PGM-FI 主继电器 1 在点火开关置于 ON 时通电，将蓄电池的电压输出给 ECM/PCM，并为喷油器和 PGM-FI 主继电器 2 提供电源。点火开关置于 ON 位且发动机启动或运转时，PGM-FI 主继电器 2 通电，并向燃油泵输出电流，时间为 2s，从而使燃油系统增压，具体控制原理如图 4-3 所示。

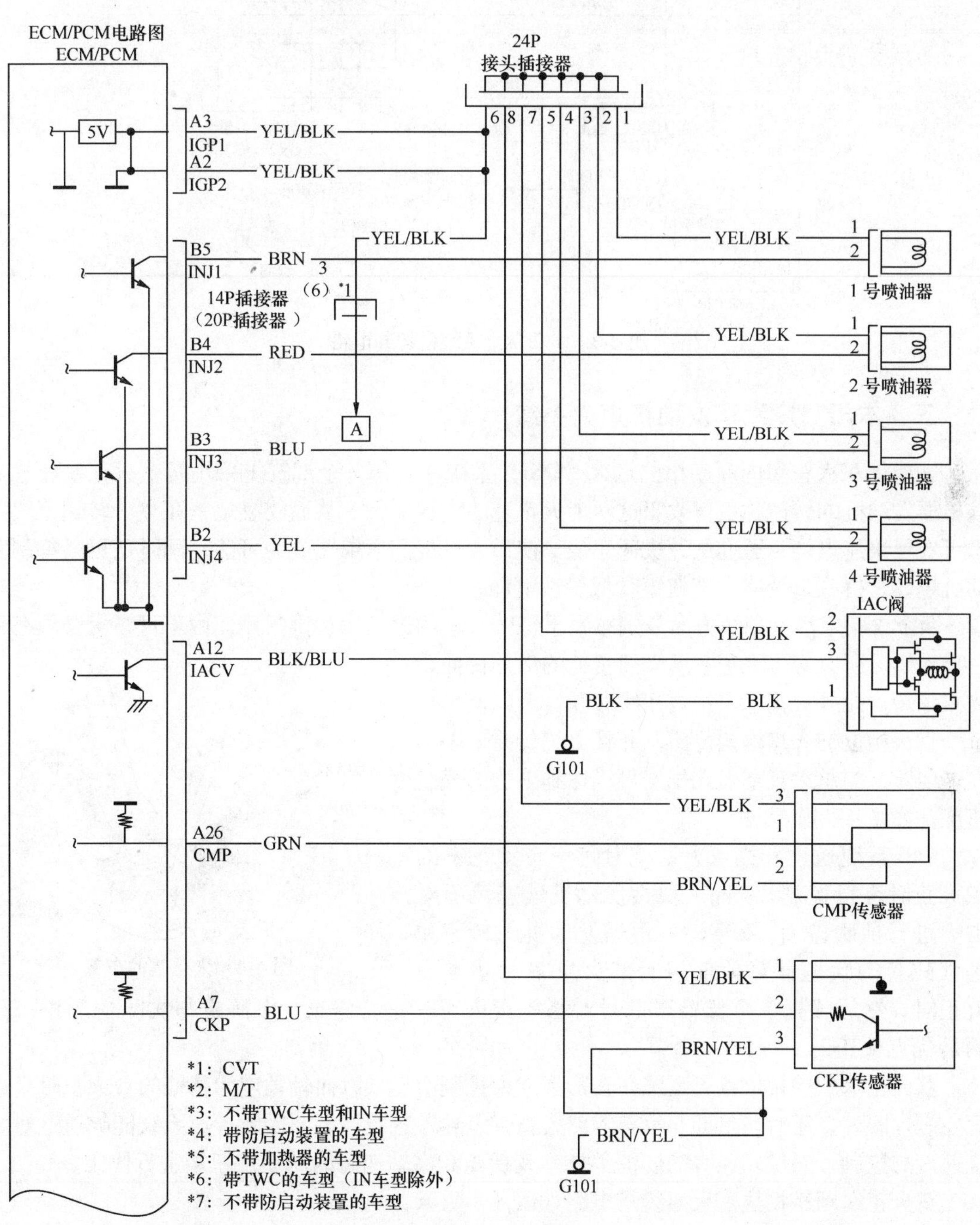

图 4-2 ECM/PCM 控制喷油器的电路

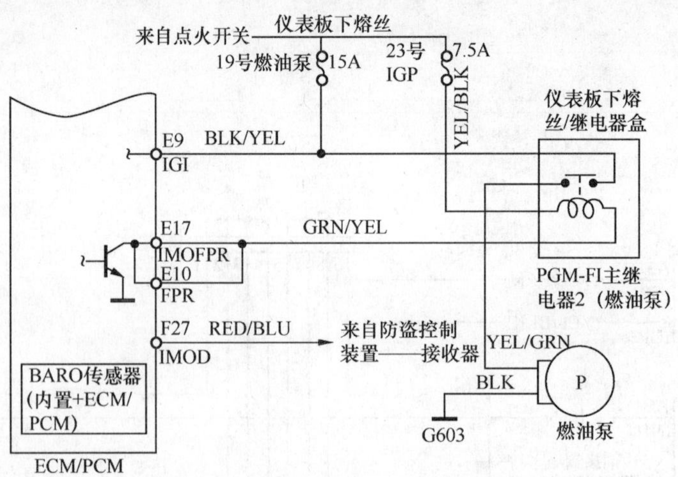

图 4-3　本田飞度油泵的控制电路

三、本田飞度汽车发动机点火系统

智能化双火花塞内顺序相位点火（DSI）系统中，每一个汽缸上采用两个火花塞，它可以根据发动机的转速和负荷改变这两个火花塞的点火正时，从而使燃烧室在整个转速范围内均可实现快速燃烧，通过这种快速燃烧，使得大幅提高压缩比成为可能，同时还可以抑制发动机爆燃，得到高功率、高扭矩和低燃油消耗。

两个火花塞沿对角线方向分别布置于每一汽缸的进气侧和排气侧，由于可燃混合气在两个点点燃，所以每一火花塞所必须覆盖的火焰传播距离被缩短，此外火花塞采用对角线布置，可以使来自每一点火相位的火焰均匀传播，并且火焰传播效率最高，因此，与单火花塞点火相比可以达到更快的燃烧速度，如图 4-4 所示。

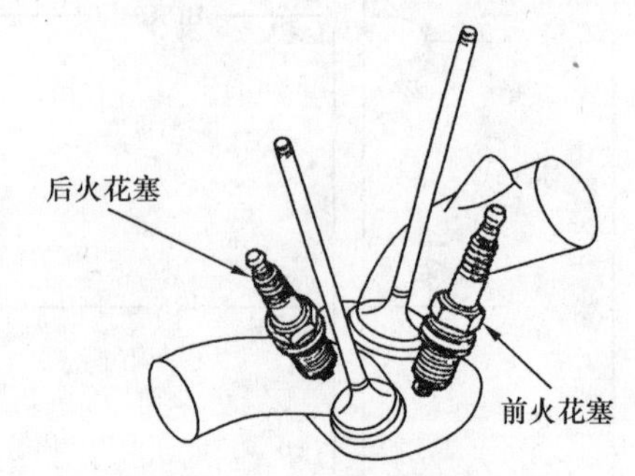

图 4-4　火花塞的布置

DSI 系统通过直接点火系统对每一个火花塞的点火正时进行控制，从而实现按发动机转速范围对点火进行精确控制。M/PCM 根据发动机的转速和进气歧管的负压计算前部与后部火花塞对基本点火正时，然后根据各个传感器信号对基本点火正时进行修正，以确定与实际情况相一致的最优点火正时。

双火花塞顺序相位点火系统在其基本点火控制中对“以曲轴角度为基准的点火正时”进行控制，同时，还对“前部与后部的点火正时差异”进行控制，因此，该系统能够通过对燃烧速度的控制，对低转速时的燃油消耗率及扭矩和高转速时的功率及扭矩进行优化。

双火花塞顺序相位点火系统的电路如图 4-5 所示。

1．ECM/PCM 根据发动机转速和进气歧管中的真空，来控制前、后火花塞的点火相位差

① 怠速时，前、后火花塞同时点火，因此燃烧速度加快，从而改善燃油的消耗。

② 低速、低负荷运转时，ECM/PCM 将前侧火花塞的点火正时提前，因而燃烧室此处的温度相对较低，从而改善燃油的消耗。

③ 低速、高负荷运转时，把前侧火花塞的点火正时提前，后侧火花塞的点火正时延迟，

因而提高了转矩，同时可以控制发动机的爆燃。

④ 高速运转时，前后火花塞同时点火，使燃烧速度加快，动力提高。

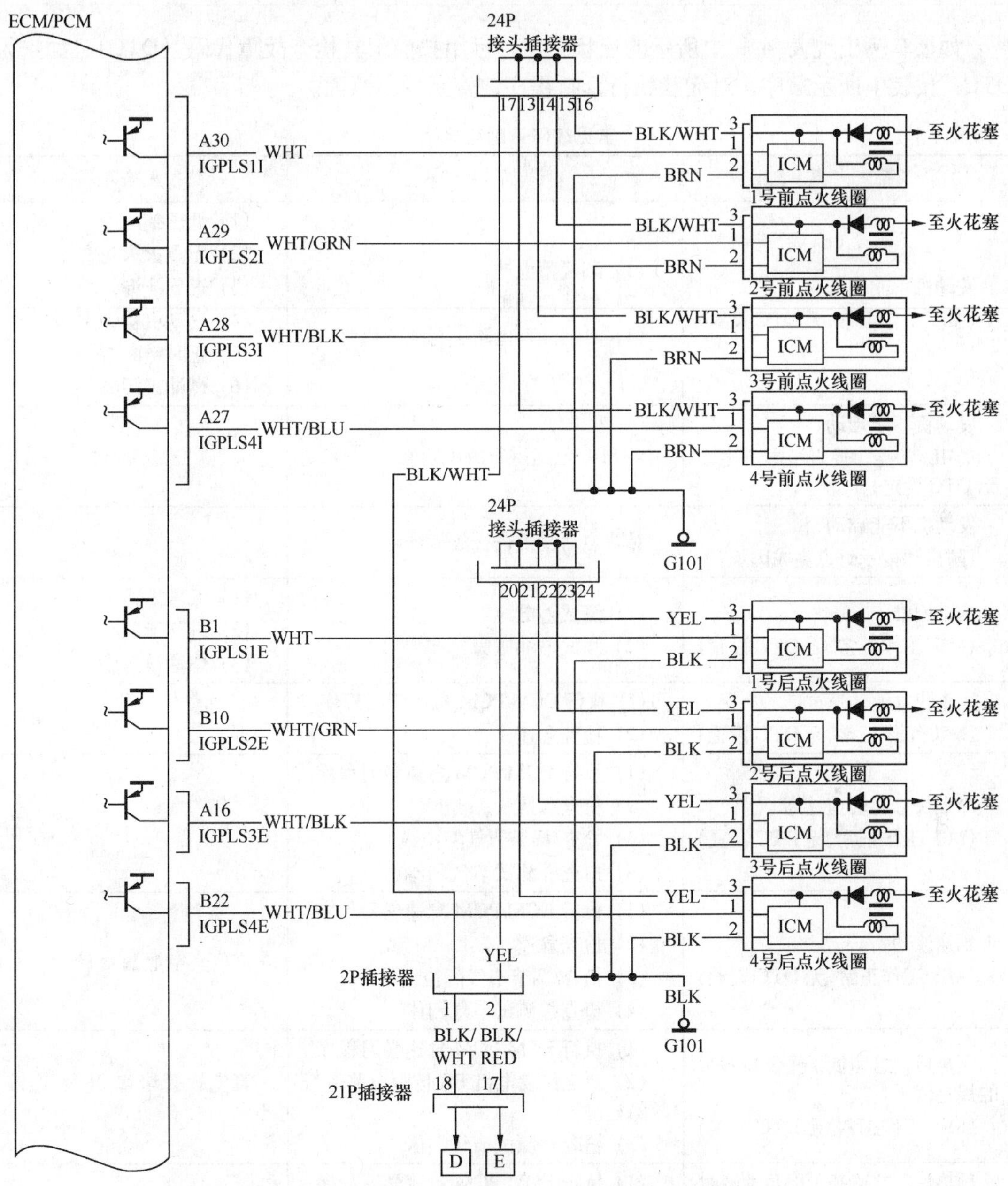

图 4-5 双火花塞顺序相位点火系统的电路

2．点火正时控制

ECM/PCM 存储有各种发动机转速与进气歧管的绝对压力下基本的点火正时信息，它还可以根据发动机冷却液的温度调节点火正时。

四、辅助控制系统

该发动机还采用了催化转化器系统、曲轴箱通风系统、燃油蒸气排放控制系统、怠速控制系统以及废气再循环系统。

五、常见故障诊断与排除

如果车辆出现表 4-1 中所示的症状之一，可用扫描工具检查故障代码（DTC）。如果无DTC，按表中所示顺序，对症状执行诊断程序，直到找出原因。

表 4-1　　常见故障诊断与排除

症　状	诊 断 程 序	其他检查项目
发动机不能启动 (MIL 工作正常,无 DTC 设置)	（1）测试蓄电池 （2）测试启动机 （3）对燃油泵电路进行故障检修	（1）低压缩比 （2）无点火火花塞 （3）进气泄漏 （4）发动机被锁定 （5）正时链断裂 （6）燃油被污染
发动机不能启动 (MIL 常亮，或者根本不亮，无 DTC 设定)	对 MIL 电路进行故障检修	
发动机不能启动 (防启动指示灯点亮或闪烁)	对防启动系统进行故障检修	
启动困难 (MIL 工作正常,无 DTC 设置)	（1）测试蓄电池 （2）测试燃油压力	（1）低压缩比 （2）进气泄漏 （3）燃油被污染
冷车快怠速转速过低 (MIL 工作正常,无 DTC 设置)	（1）执行 ECM/PCM 怠速学习程序 （2）检查怠速	
冷车快怠速转速过高 (MIL 工作正常,无 DTC 设置)	（1）执行 ECM/PCM 怠速学习程序 （2）检查怠速 （3）检查/调节节气门拉线 （4）检查并测试节气门体	
怠速波动 (MIL 工作正常,无 DTC 设置)	（1）执行 ECM/PCM 怠速学习程序 （2）检查怠速 （3）检查/调节节气门拉线 （4）检查并测试节气门体	进气真空泄漏
预热后，怠速低于无负荷载时的规定值 (MIL 工作正常,无 DTC 设置)	（1）执行 ECM/PCM 怠速学习程序 （2）对交流发电机 FR 信号电路进行故障检修 （3）检查并测试节气门体	真空软管堵塞/开裂/连接不良
预热后，怠速高于无负荷载时的规定值 (MIL 工作正常,无 DTC 设置)	（1）执行 ECM/PCM 怠速学习程序 （2）对交流发电机 FR 信号电路进行故障检修	
怠速波动 (MIL 工作正常,无 DTC 设置)	（1）执行 ECM/PCM 怠速学习程序 （2）测试燃油压力 （3）测试喷油器 （4）对交流发电机 FR 信号电路进行故障检修 （5）检查并测试 PCV 阀	燃油被污染

续表

症　　状	诊 断 程 序	其他检查项目
缺火或运转粗暴 （MIL 工作正常，无 DTC 设置）	（1）检查火花塞 （2）测试燃油压力 （3）测试喷油器 （4）对燃油泵电路进行故障检修	（1）低压缩比 （2）气门间隙不当 （3）燃油被污染
排放测试失败 （MIL 工作正常，无 DTC 设置）	（1）检查三元催化转换器（TWC） （2）检查火花塞 （3）测试燃油压力 （4）测试喷油器 （5）检查 EVAP 排放控制系统	（1）燃油被污染 （2）低压缩比 （3）正时链断裂
动力低 （MIL 工作正常，无 DTC 设置）	（1）测试燃油压力 （2）检查空气滤清器滤芯 （3）检查/调节节气门拉线 （4）检查并测试节气门体 （5）检查三元催化转换器（TWC） （6）测试喷油器	（1）燃油被污染 （2）低压缩比 （3）凸轮轴正时不当 （4）发动机油位不当
发动机失速 （MIL 工作正常，无 DTC 设置）	（1）执行 ECM/PCM 怠速学习程序 （2）测试燃油压力 （3）检查怠速 （4）对制动开关信号电路故障检修 （5）检查火花塞	（1）进气泄漏 （2）线束与传感器连接错误
加油难	检查通气管路和吸油管路	

第二部分　任 务 实 施

在任务实施的过程中，将学习发动机故障重现的作用、外观目视检查发动机，通过维修手册查找发动机电控系统电路图、正确识读电路图，检测发动机故障。

一、工具准备

在实施工作前，每小组按表 4-2 准备好完成本任务所需的资料、工具。

表 4-2　　工具准备

资料、工具的名称	数量
本田飞度汽车发动机	2 台
维修手册	1 本
万用表	2 个
示波器	1 台
金德 KT300	1 台
维修导线	1 扎
常用工具	1 套
火花塞套筒	1 个

二、技术要求与标准

① 所有操作符合安全技术标准。

② 所有操作符合汽车的维修技术要求。

③ 在操作过程中不允许出现安全事故。

三、要完成的工作

1．对应维修手册上的电路图，在发动机上找到各传感器的位置，并填入表4-3中。

表4-3　传感器的位置

传 感 器	位 置	作 用

2．对应电路图，在发动机上找到各执行器的位置，并填入表4-4中。

表4-4　执行器的位置

执 行 器	位 置	作 用

3．汽车信息登记与故障再现。

(1) 汽车信息与故障再现

① 汽车信息登记见表4-5。

表4-5　汽车信息登记

项 目	内 容
汽车型号	
客户反应	发动机发抖
维修接待的维修意见	检查发动机

② 故障再现。

打开点火开关，观察发动机故障灯状态。□亮　　　□不亮

③ 启动发动机，观察故障现象，在发动机出现的下述现象前打“√”。

□发动机不能启动

□发动机加速不良

□发动机怠速不稳定

□发动机发抖

□发动机启动后熄火

□踩下加速踏板后发动机熄火

□其他

④ 你观察到的故障现象是否与客户投诉的故障现象一致？如果不一致，是故障现象多了，还是少了？

(2) 故障诊断流程

① 发动机外观目检

a. 线束连接器是否连接良好？

b. 将检查结果填入表4-6中。

表4-6 检查结果

故障部位	维修建议
线束连接器	
熔丝、继电器	

② 请用解码仪读取本田飞度汽车发动机故障代码。

a. 有故障码吗？如果有请把故障代码写下来。

b. 请按故障码的提示检查汽车故障，并写出步骤。

c. 如果没有故障码，请按常规方法检查发动机，并写出故障排除步骤。

4. 汽车复位与清洁。

表4-7 汽车复位与清洁

项目	内容
启动汽车	□任务完成
发动机故障灯状态	□正常　　□不正常
观察发动机运转状态	□正常　　□不正常
读取故障码 清除故障码	
汽车检验、交车	□任务完成

一、自我评价

1．总结本田飞度汽车发动机结构特点。

2．请写出对本任务的体会。

3．自己对学习本任务的自我评价（包括着装、学习态度、知识以及技能掌握程度、工作页的填写情况等）。

二、小组评价

序　号	评 价 项 目	评　价 情 况		
		好	中	差
1	团队合作精神			
2	学习是否积极主动			
3	服从工作安排情况			
4	工具、仪器的使用情况			
5	工具整理、现场清理的情况			

三、教师评价

序　号	评 价 项 目	评 价 情 况		
		好	中	差
1	出勤情况			
2	着装情况			
3	课堂秩序			
4	学习是否积极主动			
5	任务书填写			
6	工具、仪器的使用情况			
7	工具整理、现场清理的情况			

任务二　桑塔纳 2000 汽车发动机综合故障的诊断与检修

学习目标

◇ 了解桑塔纳 2000 汽车发动机电控系统的基本结构特点。

◇ 掌握桑塔纳 2000 汽车发动机电控系统的组成与工作原理。

◇ 能够正确的找到各组成部件的位置。

◇ 掌握排除桑塔纳 2000 汽车发动机常见故障的方法。

建议完成本任务的学时为 12 学时。

内容结构

任务描述

一辆桑塔纳 2000 汽车，在行驶过程中发动机突然熄火了，再次启动发动机，发现发动机无着车迹象。汽车机电维修工根据维修前台接待提供的维修工单，在汽车机电维修工位以及规定工时内以经济的方式按照专业要求使用通用工具、发动机维修专用工具、设备和汽车维修资料等，完成一台桑塔纳 2000 汽车发动机的故障诊断与维修。按照标准规范对桑塔纳 2000 汽车发动机电控系统进行维护、拆卸、检查、修理、安装和调整等工作。对已完成的工作进行记录存档，保持工作场地满足安全作业及 5S 工作要求。

第一部分　任务学习引导

一、桑塔纳 AJR 发动机电控系统基本知识

桑塔纳 2000GSi 型汽车的 AJR 型发动机采用了德国波许（BOSCH）公司最先进的

Motronic 3.8.2 电子控制多点汽油顺序喷射系统。该系统是在 AFE 型发动机 Motronic 1.5.4 系统基础上发展起来的。该系统采用热膜式空气流量计检测发动机进气流量，可直接反映发动机负荷，比 Motronic 1.5.4 系统所采用的绝对压力传感器检测进气歧管压力并推算流量的方法更精确。AJR 型发动机的曲轴上装有 1 个 60 齿的信号触发轮，用于产生曲轴转角信号，比 AFE 型发动机的分电器中由 4 齿触发轮产生的转角信号更为准确。Motronic 3.8.2 系统能依据进气流量信号和曲轴转角信号准确地控制发动机混合气空燃比和点火时间，从而极大地降低了汽车的排气污染。

发动机具有自我诊断系统，但是必须用专用仪器方可读出 ECU 中储存的故障代码。发动机也同样具有备用功能，例如当水温传感器线路有断路故障时，ECU 就认为水温始终是 19.5 ℃。备用功能用于在控制系统、传感器、执行零件发生某些故障时，维持发动机运转，以便汽车开到修理厂进行检修。

AJR 型发动机采用了汽油蒸气控制回收系统（AKF 系统）。汽油蒸气控制回收系统采用活性炭罐吸附油箱中挥发的汽油蒸气，在发动机启动后，再把炭罐中吸附的汽油吹出燃烧，减少废气排放，更为节能。

AJR 型发动机上装有 2 个爆燃传感器，比 AFE 型发动机增加了 1 个，使 ECU 能更有效地识别各个汽缸的爆燃，迅速调整点火时间，保护发动机免受劣质汽油引起的强烈爆燃的损害。采用两个点火线圈，即使用了双火花点火系统。

二、桑塔纳汽车的电控燃油系统

Motronic 3.8.2 电子控制汽油喷射系统由空气供给系统、汽油供给系统、控制系统组成，AJR 型发动机电子控制系统的结构示意图如图 4-6 所示，其组件在车上的布置如图 4-7 所示，AJR 型发动机电子控制系统的组成如图 4-8 所示。

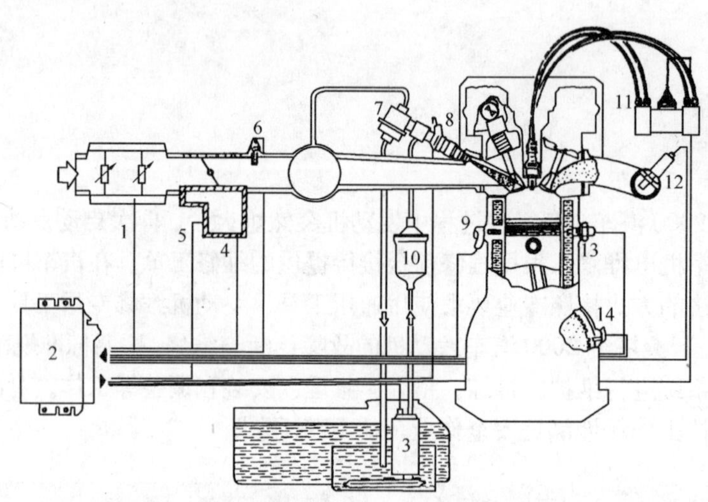

1—热膜式空气流量计；2—电子控制单元；3—电动汽油泵；4—节气门控制组件；
5—怠速电动机（与节气门控制组件一体）；6—进气温度传感器；7—油压调节器；
8—喷油器；9—爆燃传感器；10—汽油滤清器；11—点火线圈；
12—氧传感器；13—冷却液温度传感器；14—转速传感器

图 4-6 AJR 型发动机电子喷射系统的结构示意图

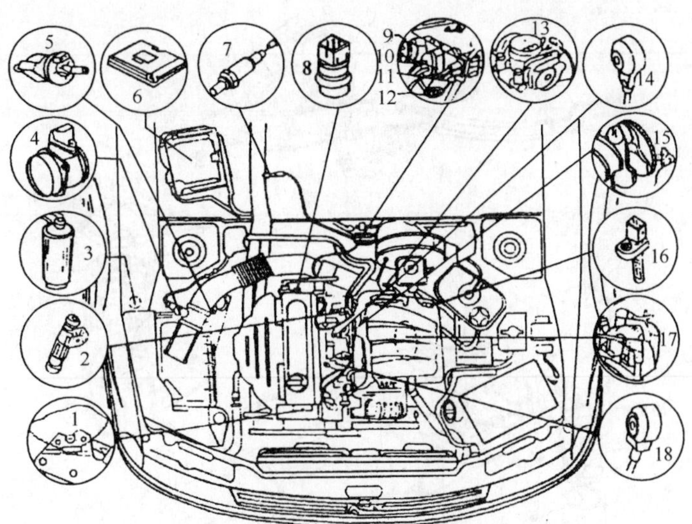

1—霍尔传感器（G40）；2—喷油器（N30-N33）；3—活性炭罐；4—热膜式空气流量计（G70）；5—活性炭罐电磁阀（N80）；6—ECU（J220）；7—氧传感器（G39）；8—水温传感器；（G62）；9—转速传感器插接器（灰色）；10—1号爆燃传感器插接器（白色）；11—氧传感器插接器（黑色）；12—2号爆燃传感器插接器（黑色）；13—节气门控制组件（J338）；14—2号爆燃传感器（G66）；15—转速传感器（G28）；16—进气温度传感器（G72）；17—点火线圈（N152）；18—1号爆燃传感器（G61）

图 4-7 汽油喷射系统和点火系统的布置图

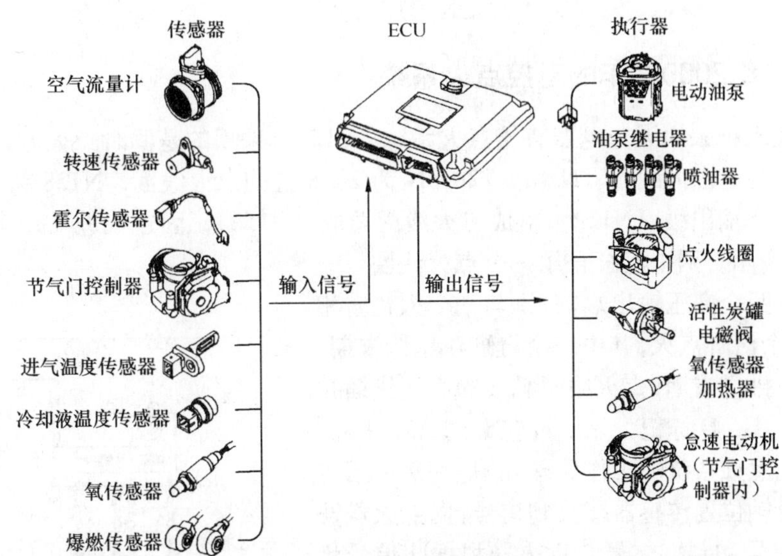

图 4-8 AJR 型发动机电子控制系统的组成

汽油供给系统的作用是根据 ECU 的指令，以恒定的压差将一定数量的汽油喷入进气管中，主要包括汽油箱、汽油分配管、电动汽油泵、汽油滤清器、油压调节器、喷油器等，如图 4-9 所示。

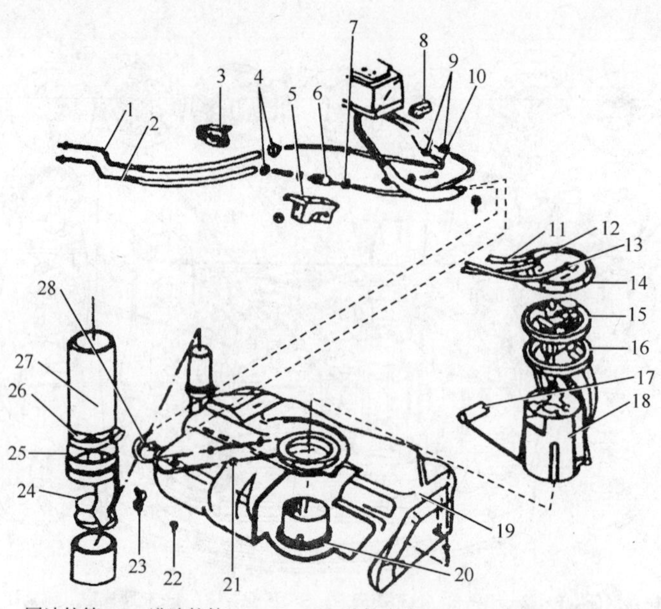

1—回油软管；2—进油软管；3、8、28—油管夹头；4、7、9、21、26—夹箍；5—汽油滤清器罩壳；6—汽油滤清器；10—固定螺钉；11—回油管；12—通气细管；13—进油管；14—锁紧螺母（用工具 3217 拆卸和安装）；15—凸缘（注意在汽油箱上的安装位置）；16—密封圈；17—汽油油位传感器；18—汽油泵；19—汽油箱（拆卸时，用发动机和变速器框杆 V.A.G1383 支撑）；20—安装汽油泵固定环；22—固定螺钉；23—卡环；24—支承座；25—防尘罩；27—橡胶连接管

图 4-9　汽油供给系统

三、桑塔纳2000汽车的电控点火系统

AJR 型发动机采用无分电器直接点火系统（DLI），采用的是同时点火方式，也称双火花点火系统。两个点火线圈（N 和 N128，N 为 2、3 缸的点火线圈，N128 为 1、4 缸的点火线圈）和功率输出级（N122）组成点火线圈总成（N152），固定在进气歧管内侧，其结构如图 4-10 所示。两个汽缸合用一个点火线圈，一个点火线圈有两个高压输出端，分别与一个火花塞相连，负责对两个汽缸点火，其中一个汽缸在压缩末期，另一个汽缸在排气末期，点火线圈总成的高压线插孔旁印有 A、B、C、D 标记，分别对应 1、2、3、4 缸。高压分双火花点火系统的工作原理如图 4-10 所示，微电脑通过曲轴位置传感器接收到信号，向点火器发出点火控制信号和判缸信号，点火器根据此信号状态，决定将哪条驱动电路接通，并将点火正时信号送往与此驱动电路相连接的点火线圈，完成对某个汽缸的点火。

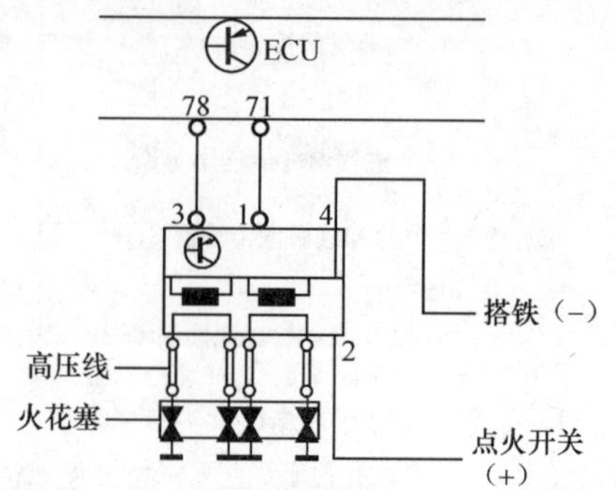

图 4-10　桑塔纳 2000 汽车发动机点火系统的工作原理

发动机微电脑自诊断系统不能识别点火线圈的故障，如果一个火花塞由于断路使整个点火线路断路，相应的另一个火花塞也不能跳火；如果一个火花塞由于断路而不能跳火，但整

个点火线路没有断路，那么相应的另一个火花塞仍可以跳火。

四、桑塔难2000汽车发动机辅助控制系统

该发动机采用了催化转化器系统、曲轴箱通风系统、燃油蒸发排放控制系统以及气门直动式怠速控制系统。

五、常见故障诊断与排除

桑塔纳 2000GSi 型 AJR 型发动机常见故障的诊断与排除见表 4-8。

表 4-8 桑塔纳 2000GSi 型 AJR 型发动机常见故障的诊断与排除

故 障 现 象	可能的故障部位
发动机转不动	蓄电池电压过低；点火开关电路；启动机及继电器电路
发动机能转动但无初始燃烧	低压电路；转速传感器及其电路；点火线圈；霍尔传感器；火花塞；真空泄漏；电动汽油泵继电器；主继电器；汽油泵；燃油压力调节器；油管漏油；喷油器及电路；ECU 及保险丝；汽缸压力不正常、正时不对
燃烧不完全	高压线漏电；火花塞；霍尔传感器；爆燃传感器；真空泄漏；空气滤清器堵塞；节气门控制组件怠速定位计；空气流量计；汽油泵；燃油压力调节器；冷却液温度传感器；喷油器；汽缸压力、汽缸盖密封性
冷启动困难	燃油质量；油管堵塞或漏油；燃油压力调节器；汽油泵；冷却液温度传感器；进气温度传感器；喷油器；启动信号电路；点火信号电路；点火线圈；火花塞
热启动困难	真空泄漏；节气门控制组件；冷却液温度传感器；进气温度传感器；燃油压力调节器；喷油器；点火信号电路；点火线圈；火花塞
常温启动困难	汽油泵；燃油压力调节器；喷油器；空气流量计；冷却液温度传感器；霍尔传感器；点火线圈；点火信号电路；火花塞；ECU；配气正时不对；正时齿带；气门关闭不严；汽缸垫不密封；活塞环与汽缸壁密封不严；火花塞处漏气
开始怠速过高	油门拉索调整不当；冷却液温度传感器；空调开关常开；节气门控制组件；ECU
怠速不稳	燃油压力调节器；喷油器；节气门控制组件；氧传感器；进气温度传感器；冷却液温度传感器；活性炭罐电磁阀；高压分线绝缘；火花塞及插孔漏电；点火信号电路；ECU；气门关闭不严；汽缸磨损严重；曲轴箱通风阀
怠速过高	油门拉索失调；节气门控制组件；喷油器；冷却液温度传感器；进气温度传感器；活性炭罐电磁阀；ECU
怠速过低	进气真空泄漏；空气流量计；汽油泵；燃油压力调节器；喷油器；空调开关电路
爆燃	汽油质量；爆燃传感器；火花塞；燃烧室积炭；霍尔传感器；ECU
排气放炮(突突声)	火花塞；高压线漏电；点火线圈；喷油器；燃油压力调节器；节气门控制组件；空气流量计；爆燃传感器；冷却液温度传感器
加速时发抖	点火线圈；高压漏电；霍尔传感器；汽油质量；汽油泵；节气门控制组件；喷油器；曲轴箱通风不良；离合器打滑；变速器轴松旷；汽缸磨损过大

第二部分 任务实施

在任务实施的过程中，将学习目视检查桑塔纳 2000 汽车发动机零件位置，通过维修手册查找发动机电控系统电路图、正确识读电路图，检测发动机故障。

一、工具准备

在实施工作前，每小组按表 4-9 准备好完成本任务所需的资料、工具。

表 4-9　　工具准备

资料、工具的名称	数量
大众 AJR 发动机（或桑塔纳轿车）	4 台
维修手册	1 本
万用表	2 个
示波器	1 台
金德 KT300 或 VAS5052	1 台
维修导线	1 扎
常用工具	1 套
火花塞套筒	1 个

二、技术要求与标准

① 所有操作符合安全操作要求。

② 所有操作符合桑塔纳汽车电子控制系统的维修技术标准。

③ 在操作过程中不允许出现安全事故。

三、要完成的工作

1. 用解码仪诊断桑塔纳汽车故障

(1) 自诊断功能与使用注意事项

① 在 AJR 型的发动机 ECU（J220）中设有故障存储器，包括永久性存储器和暂时性存储器。当被监测的传感器或执行元件中出现故障时，则该故障的代码及种类会存入故障存储器中。

② 用大众公司的 V.A.G1552 或 V.A.G5052 型故障诊断仪或其他型号的读码器可读出故障代码。测试时，打开诊断插口盖板，将故障诊断仪电缆连接到位于变速器操纵杆前的诊断插座上，如图 4-11 所示，它将根据输入的指令完成许多功能。

③ 为了检查零件与控制模块间线路有无开路或短路，大众公司还配有 V.A.G1598/22 测试盒，用于和发动机控制模块线束插头相连接。

④ 大众公司的故障诊断仪有下几种功能（如表 4-10 所示）。

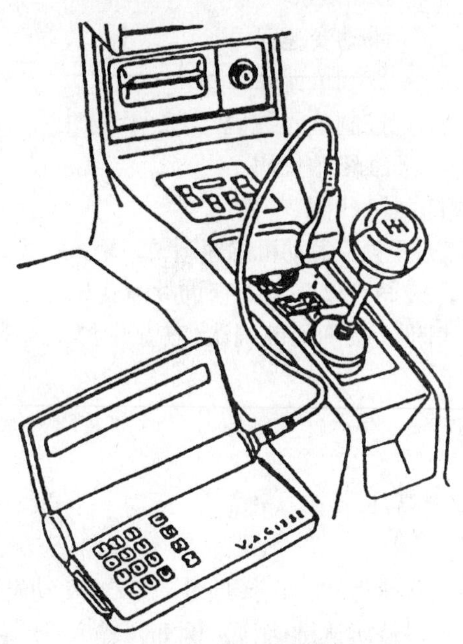

图 4-11 故障诊断仪的安装

表 4-10 故障诊断仪功能表

代　号	功　能	点火开关接通	发动机怠速运转
01	询问发动机电控单元版本	是	否
02	读出故障代码及显示故障范围	是	是
03	最终控制诊断	是	否
04	基本设定	是	是
05	清除故障（码）存储	是	是
06	结束输出	是	是
07	电控单元编码	是	否
08	读测量数据块	是	是

⑤ 测试条件：蓄电池的电压大于 11.5V，发动机搭铁良好，熔丝正常。

⑥ 如果故障已经排除，在故障存储器相应的记录内容应予以清除。或者发动机启动 50 次后，则存储器存储的故障会被自动清除。

（2）故障诊断仪的连接

① 打开诊断插口的盖板，将解码仪电缆线连接到位于变速箱排挡杆前的诊断插座上。

② 打开点火开关，或者发动机怠速运转。输入“发动机电子系统”地址码 01，屏幕显示以下内容。

其中，330 907 404 发动机控制单元零件号。

1.8L	发动机排量
R4/2V	直列式发动机，4 缸，每缸 2 气门

MOTR　　　　Motronic
HS　　　　手动变速箱
D01　　　　控制单元软件版本
Coding 08001　　　　控制单元编码
WSC XXXXX　　　　维修站代码

（3）查询故障代码和清除故障代码

① 连接解码仪，打开点火开关，发动机怠速运转，输入“发动机电子系统”的地址码 01。

② 当发动机不启动时，接通点火开关，查询故障代码。

③ 输入 02“查询故障代码”，按确认键确认。在显示屏上首先显示出故障的数量或者“系统正常”。

④ 如果没有故障，按→键；如果有 1 个或几个故障，按→键逐一显示各个故障代码和它的文字说明。

⑤ 输入 05“清除故障代码”，按确认键确认。

（4）读取测量数据块

① 连接解码仪让发动机怠速运转，选择地址码 01“发动机电子控制系统”。

② 输入相关的显示组号，按确认键确认。例如，输入 00 显示组号，按确认键确认。

③ 显示组内容见表 4-11。

表 4-11　　显示组一览表

显示组号	屏幕显示	说明
00 基本功能	Read measuring value block　0 1 2 3 4 5 6 7 8 9 10	1—冷却液温度 2—发动机负荷 3—发动机转速 4—电瓶电压 5—节气门角度 6—怠速空气质量控制值 7—怠速空气质量测量值 8—混合气成分控制值（λ控制值） 9—混合气成分测量值（λ测量值） 10—混合气成分测量值（λ测量值）
01 基本功能	Read measuring value block　1 1　2　3　4	1—发动机转速 2—发动机负荷（每转喷射持续时间） 3—节气门角度 4—点火提前角
02 基本功能	Read measuring value block　2 1　2　3　4	1—发动机转速 2—发动机负荷（曲轴每转喷射持续时间） 3—发动机每循环喷射持续时间 4—进气质量
03 基本功能	Read measuring value block　3 1　2　3　4	1—发动机转速 2—蓄电池电压 3—冷却液温度 4—进气温度

续表

显示组号	屏幕显示	说明
04 怠速稳定	Read measuring value block 4 1 2 3 4	1—节气门角度 2—怠速空气质量测量值（空挡位置） 3—怠速空气质量测量值（自动变速箱驱动挡） 4—工作状况 Leerlauf　怠速 Tetllast　部分负荷 Vollast　全负荷 Schub　加浓 Anreicherung　超速
05 怠速稳定	Read measuring value block 5 1 2 3 4	1—怠速转速（测量值） 2—怠速转速（规定值） 3—怠速控制 4—进气质量
06 怠速稳定	Read measuring value block 6 1 2 3 4	1—怠速转速 2—怠速控制 3—混合气 λ 控制 4— λ 点火提前角
07 λ 控制和 ACF 阀系统	Read measuring value block 7 1 2 3 4	1—混合气 λ 控制 2— λ 传感器电压 3—活性炭罐电磁阀 N80 占空比 4—油箱净化系统动作时混合气修正因素
08 λ 调节值	Read measuring value block 8 1 2 3 4	1—发动机每循环喷射持续时间 2—怠速时 λ 调节值 3—部分负荷时 λ 调节值 4—油箱净化系统 TE active　活性炭罐电磁阀动作 TE not active　活性炭罐电磁阀关闭 Λ adaption　活性炭罐电磁阀关闭 λ 调节起作用
09 λ 调节值	Read measuring value block 9 1 2 3 4	1—发动机转速（测量值） 2—混合气 λ 控制 3— λ 传感器电压 4—怠速时 λ 调节值
10 λ 调节值	Read measuring value block 10 1 2 3 4	1—活性炭罐电磁阀 N80 占空比 2—油箱净化系统动作时进混合气修正因素 3—活性炭罐过滤器充满水平 4—ACF 阀供应空气的比例

续表

显示组号	屏幕显示	说明
11 汽油消耗	Read measuring value block 11 1 2 3 4	1—发动机转速 2—发动机负荷（曲轴每转喷射持续时间） 3—车速 4—汽油消耗
12 汽油消耗	Read measuring value block 12 1 2 3 4	1—发动机转速 2—蓄电池电压 3—汽油消耗 4—点火提前角
13 爆燃控制	Read measuring value block 13 1 2 3 4	1—第 1 缸爆燃控制点火滞后角 2—第 2 缸爆燃控制点火滞后角 3—第 3 缸爆燃控制点火滞后角 4—第 4 缸爆燃控制点火滞后角
14 爆燃控制	Read measuring value block 14 1 2 3 4	1—发动机转速 2—发动机负荷（曲轴每转喷射持续时间） 3—第 1 缸爆燃控制点火滞后角 4—第 2 缸爆燃控制点火滞后角
15 爆燃控制	Read measuring value block 15 1 2 3 4	1—发动机转速 2—发动机负荷（曲轴每转喷射持续时间） 3—第 3 缸爆燃控制点火滞后角 4—第 4 缸爆燃控制点火滞后角
16 爆燃控制	Read measuring value block 16 1 2 3 4	1—第 1 缸爆燃传感器信号电压 2—第 2 缸爆燃传感器信号电压 3—第 3 缸爆燃传感器信号电压 4—第 4 缸爆燃传感器信号电压
17 催化转换器加热	Read measuring value block 17 1 2 3 4	1—发动机转速 2—发动机负荷（曲轴每转喷射持续时间） 3—催化转换器加热能量平衡 4—点火提前角（目前催化转换器未装）
18 海拔高度适配	Read measuring value block 18 1 2 3 4	1—发动机转速 2—发动机负荷（没有高度修正） 3—发动机负荷（有高度修正） 4—按空气密度来修正的高度修正因素
19 扭矩减小	Read measuring value block 0 1 2 3 4	1—发动机转速 2—发动机负荷（曲轴每转喷射持续时间） 3—变速箱挡位信号 4—点火提前角

续表

显示组号	屏幕显示	说　明
20 工作状态	Read measuring value block　20 1　2　3　4	1—发动机转速 2—选挡杆位置 3—空调开关 4—空调压缩
21 λ控制工作状态	Read measuring value block　21 1　2　3　4	1—发动机转速 2—发动机负荷（曲轴每转喷射持续时间） 3—冷却液温度 4—λ控制关闭/打开
23 节气门控制部件	Read measuring value block　23 1　2　3　4	1—节气门控制部件工作状态 2—节气门定位器最小停止位置 3—节气门定位器紧急运行停止位置 4—节气门定位器最大停止位置
24 爆燃控制	Read measuring value block　24 1　2　3　4	1—发动机转速 2—发动机负荷（曲轴每转喷射持续时间） 3—点火提前角 4—第1至第4缸总点火滞后角平均值
98 节气门控制部件匹配	Read measuring value block　98 1　2　3　4	1—节气门电位计电压 2—节气门定位电位计电压 3—工作状态：怠速/部分负荷 4—匹配状态：正在匹配 匹配完成 匹配未完成 匹配错误
99 λ控制	Read measuring value block　99 1　2　3　4	1—发动机转速 2—冷却液温度 3—混合气在成分λ控制 4—λ控制关闭/打开

2．桑塔纳2000汽车发动机燃油喷射系统的检修

在检修汽油供给系统时，应先目视各有关插接器有无脱落、保险丝有无烧断、管路有无漏泄等现象。切不可轻易大拆大卸，那样可能会造成新的故障。

（1）检修注意事项

① 在发动机运转或用启动机带动发动机运转时，都不要去触碰或拔下高压线。

② 拆装汽油喷射和点火系连接线以及蓄电池时，必须关断点火开关，否则可能损坏发动机ECU。

③ 采用的万用表应当内阻不小于10kΩ/V，这是为了防止万用表的电压损坏电子元件。测试前，应按规定选好量程。

④ 用启动机带动发动机运转（如进行汽缸压缩实验）时，应拔下点火线圈输出极插头和喷油器插头。试验结束后，用 V.A.G1552 查询故障。

⑤ 保持零件的清洁。当汽油喷射系统拆开后，不要用压缩空气吹，也不要移动汽车。

（2）维修技术参数

AJR 型发动机汽油供给系统的维修技术参数如表 4-12 所示。

表 4-12　AJR 型发动机汽油供给系统的维修技术参数

发动机代号	AJR	
怠速转速（不能调整）	（800±30）r/min	
断油（最高）转速	6400r/min	
怠速时汽油供给系统压力	连接油压调节器真空管	（250±20）kPa
	取下油压调节器真空管	（300±20）kPa
熄火 10min 后汽油系统保持压力	大于 150kPa	
喷油器电阻值（正常油压下，每分钟漏油不应多于 2 滴）	喷油器型式	4 孔喷油器
	30s 喷油量	78～85mL
	室温时电阻	13～18Ω
	发动机工作温度时电阻会增加 4～6Ω	

（3）测量汽油供给系统压力和保持压力

① 测量汽油供给系统压力和保持压力的测试条件。

汽油泵继电器正常；汽油泵工作正常；汽油滤清器正常；蓄电池电压正常。

② 汽油供给系统的压力和保持压力的测量。

a．如图 4-12 所示，将压力表安装在汽油分配管的供油管上，打开汽油压力表开关，启动发动机怠速运转。系统压力标准为：怠速时拔下真空管为（300±20）kPa；不拔真空管为（250±20）kPa。

b．接上真空管，踩加速踏板，汽油压力表指针应在 280～300kPa 间跳动。

c．关闭点火开关，10min 后，汽油保持压力应大于 150kPa。

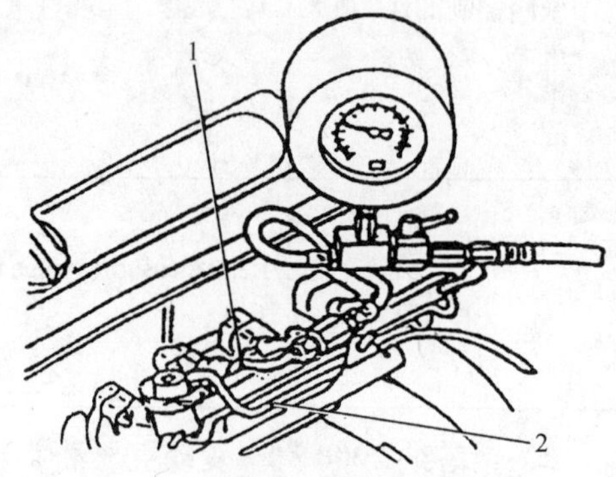

1—供油管；2—回油管

图 4-12　汽油供给系统油压的测量

d．如果汽油保持压力小于 150kPa，启动发动机，怠速运转。当汽油压力建立起来后，关闭点火开关，同时关闭汽油压力表开关，继续观察压力表指针是否会下降。

e．系统油压不足原因：管接头或管渗漏；汽油滤清器过脏；汽油泵不良或蓄电池电压不足；汽油压力调节器损坏。

f．系统油压过高原因：汽油压力调节器损坏。

（4）油泵电路的检修

测试汽油泵工作状况时应保证蓄电池的电压正常，汽油泵的熔丝正常，汽油滤清器正常。

① 接通点火开关。应该能够听到汽油泵启动的声音。

② 如果汽油泵没有启动，应关闭点火开关，从中央线路板上拔下汽油泵继电器，使用接头导线 V.A.G1348/3-2 接到汽油泵继电器的触点和蓄电池正极端子上，启动发动机。如果汽油泵工作，应检查汽油泵继电器。

③ 汽油泵继电器（J17）在中央电器继电器板 2 号位（如图 4-13 所示），汽油泵继电器熔丝在熔丝盒 5 号位。汽油泵继电器控制着汽油泵、喷油器、空气质量计、活性炭罐电磁阀和加热氧传感器的电压供应。检查前应确保蓄电池电压正常，汽油泵继电器熔丝正常。用测试线短接测试盒上端子 2 和 4（如图 4-14 所示），接通点火开关，汽油泵继电器必须有动作声，否则检查汽油泵继电器线路，如果线路正常，应更换汽油泵继电器。

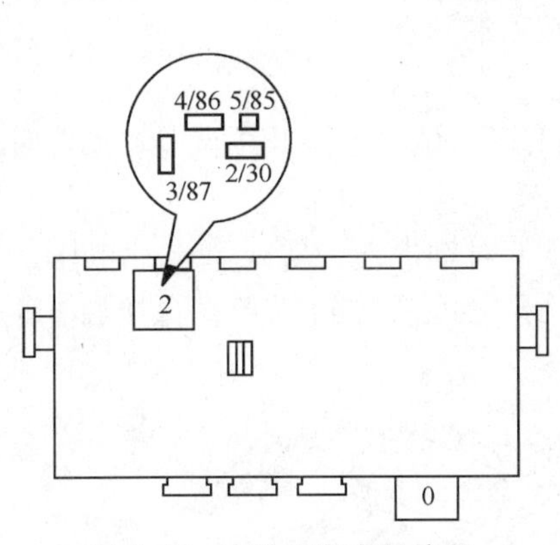

图 4-13　汽油泵继电器位置

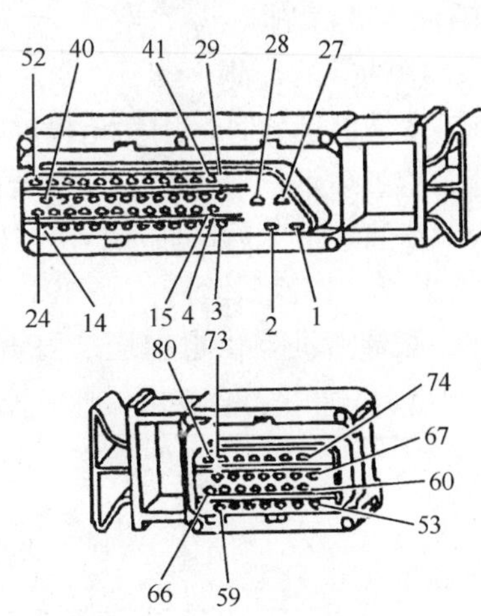

图 4-14　测试盒端子图

④ 如果汽油泵继电器良好，汽油泵仍然不工作，打开行李箱饰板，从密封凸缘拔下 3 个端子的导线插头。启动发动机，用万用表测量导线上端子 1 和端子 3 之间的电压，如图 4-15 所示。电压的额定值约为蓄电池的电压（12V 左右）。

如果额定电压值没有达到标准，则根据电路图查找并消除电路中的断路故障；如果达到了额定值，旋下密封凸缘紧固大螺母，检查密封凸缘和汽油泵之间的导线是否有断路故障，如图 4-16 所示。如果没有发现断路情况，说明汽油泵有故障，应更换汽油泵。

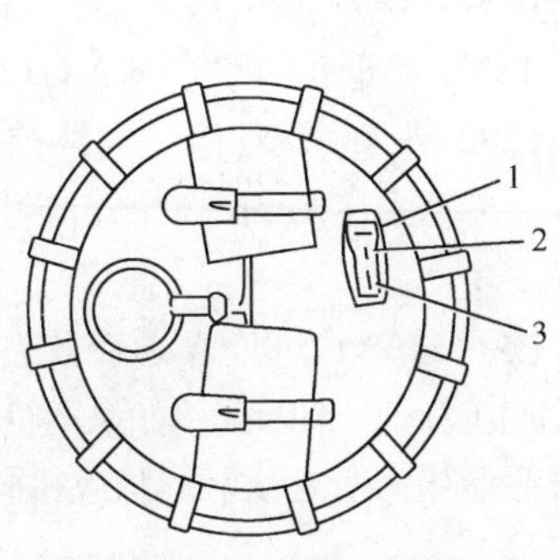

图 4-15　汽油泵线束插头

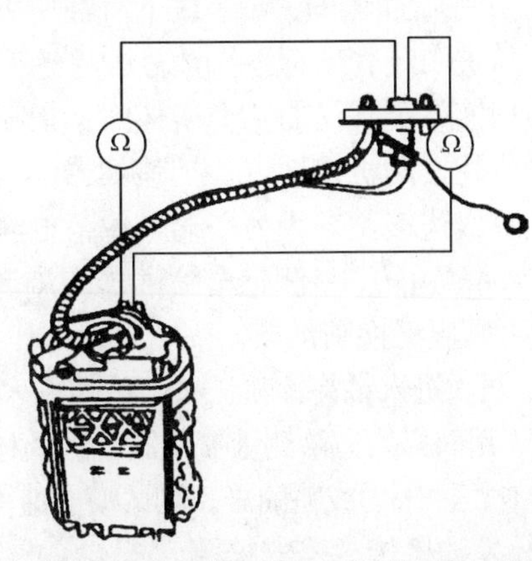

图 4-16　检查密封凸缘与汽油泵导线是否有断路故障

（5）喷油器的检修

① 喷油器的结构与连接电路

喷油器结构参照 AFE 型发动机喷油器的结构。喷油器的连接电路如图 4-17 所示。

ECU 控制 4 个喷油器顺序开启（与点火顺序相对应：1—3—4—2）。喷油器的供电来自燃油泵继电器，当 ECU 接通喷油器负电后，喷油器开启喷油。喷油量只取决于 ECU 控制的喷油器开启时间的长短。

当喷油器发生堵塞、发卡、滴漏时，ECU 不能检测到，必须人工检查和排除。如果有一个喷油器不工作，发动机可能能会产生启动困难、怠速不稳、加速不良或动力差等现象。当喷油器控制电路开路或断路时，ECU 能检测到，使用故障阅读 V.A.G1551 的“执行零件诊断”可对喷油器进行测试。

② 喷油器的检测

a．发动机运转时，用手指接触喷油器，应可察觉到喷油脉动。

b．检查喷油器电阻值，应符合规定的标准。

c．喷油器拆下后，通 12V 电压时，应可听到接通和断开的声音。此项试验，通电时间应不大于 4s，再次试验应间隔 30s，以防喷油器发热损坏。

d．测量喷油器供电电压。打开点火开关时，端子 1 对地电压应等于蓄电池电压，如图 4-18 所示。如果符合要求，则应检查端子 1 到附加熔丝 S 之间的线路有无断路或接触不良。

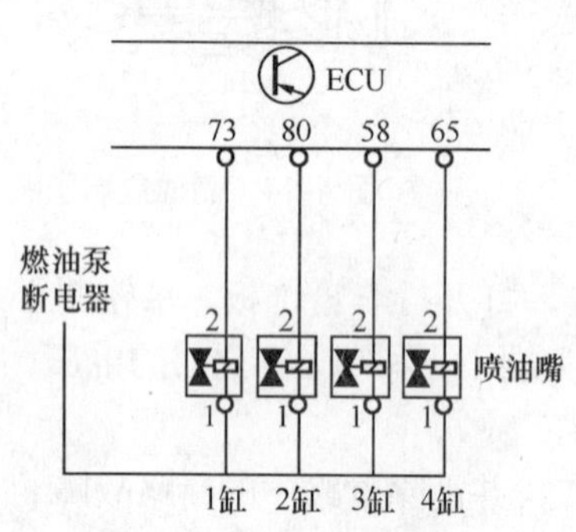

图 4-17　喷油器连接电路

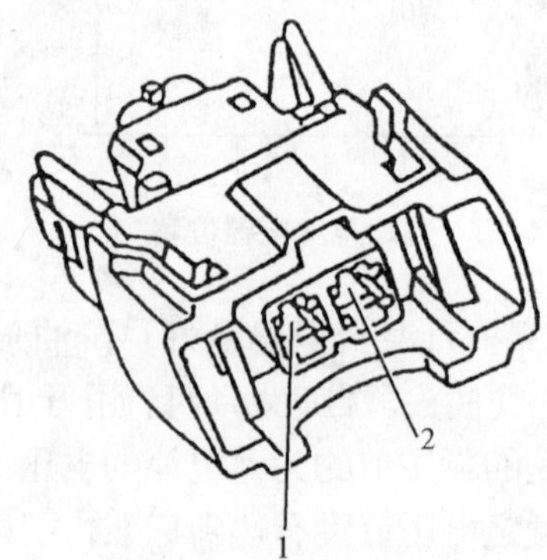

图 4-18　喷油器端子

e．检查喷油器的滴漏。拔下汽油压力调节器上的真空管和喷油器的插头及霍尔传感器的插头，从进气歧管上拆下汽油分配管连带 4 个喷油器，将 4 个喷油器头部放入 V.A.G1602 喷油器喷射速率测试仪的 4 个量杯内，把喷油器的一个触点与 V.A.G1594 测试线连接，测试线另一端夹住发动机接地点，把喷油器的另一个触点与 V.A.G1348/A 遥控开关、V.A.G1348-2 相配的导线连接，导线另一端夹住蓄电池的正极。用 V.A.G1552 进入 03 功能“电终控制诊断”，汽油泵运转，目测每个喷油器的滴漏。油泵运转时，每个喷油器在 1min 内允许滴油 1～2 滴。否则应更换喷油器。

f．再次进入最终诊断，必须关闭点火开关 2s 后再打开。按下 V.A.G1348/3A 遥控开关的按钮 30s，用同样的方法测量喷油器在测量杯内的喷油速率，规定值为 70～80mL。如果不符合要求，检查汽油压力或喷油器。测试喷射速率的同时，可检查喷射形状，所有喷射形状应相同。

3．发动机传感器的检测

找到桑塔纳 2000 发动机电控系统传感器和执行零件以及相应端子号，对应标准数据测量，并将测量数据填入表 4-13 中。

表 4-13 测量数据

测量端子号	零　　件	检 测 数 据	测 量 值
	V60 怠速电动机	怠速电动机工作时为 11.35V，不工作时为 0V	
	V60 怠速电动机	怠速电动机工作时为 8～9V，不工作时为 0V	
	F60 怠速开关	69 与 67 之间；怠速时为 0V，节气门打开时为 11～12V	
	G69 节气门电位计信号	75 与 67 之间；怠速时为 4.35V 左右，节气门全开时为 0.5V 左右	
	传感器电源	点火开关置于 ON 位时为 5V	
	G88 怠速转换电位计信号	电压随 V60 怠速电动机变化而变化，电压变化范围为 4.55～0.5V，V60 怠速电动机不工作时为 3.77V	
	G40 霍尔传感器信号	脉冲电压，用示波器检测	
	G28 发动机转速传感器地线	脉冲电压，用示波器检测	
	G28 发动机转速传感器信号	AC:5～11V 脉冲电压，用示波器检测	
	传感器搭铁线	低于 0.1V	
	G61 爆燃传感器 1 信号	发动机达正常工作温度，保持怠速 3min，然后加大发动机负载，加速到 5000r/min，连续几次，用示波器检测其脉冲电压	
	G66 爆燃传感器 2 信号	同上	
	防盗控制单元通信线	11.48～12.58	
	空调系统	（空）	
	空调系统	（空）	
	启动锁和倒车灯断电器信号	“N”挡时为 0V，“D”、“3”、“2”、“1”挡时为 10～12V	
	进气温度传感器	进气温度为 25℃时，2.2～3.0V；电阻为 25℃时，2000～2500Ω；40℃时，1.5～2.0V；电阻为 25℃时，1250～1500Ω	
	水温传感器	冷却液温度为 25℃时，2.2～3.0V；电阻为 25℃时，2000～2500Ω；85℃时，0.5～1.0V；电阻为 85℃时，300～450Ω	
	发动机控制单元电源	点火开关 ON，电源电压；点火开关 OFF，0V	
	搭铁线	低于 0.1V	
	J17 燃油泵继电器搭铁控制线	点火开关 ON，电源电压；启动发动机，0V	

续表

测量端子号	零　件	检 测 数 据	测 量 值
	G70 空气流量计电源	点火开关 ON，5V；点火开关 OFF，0V	
	G70 空气流量计负线	低于 0.1V	
	G70 空气流量计信号	电压随发动机进气量变化而变化（在 0.5～3.0V），怠速时约为 1.67V	
	氧传感器搭铁信号	低于 0.1V	
	氧传感器信号	发动机热车，为 0.1～0.9V	
	氧传感器加热器控制搭铁线	启动发动机后为 7～11V	
	发动机转速信号	脉冲信号，用示波器检测	
	车速信号	脉冲信号，用示波器检测	
	N80 活性炭罐电磁阀控制搭铁	怠速时 12V	
	点火线圈 1、4 缸点火信号	脉冲信号，用示波器检测	
	点火线圈 2、3 缸点火信号	脉冲信号，用示波器检测	
	N30 喷油阀	发动机运转时为脉冲搭铁信号。喷油阀线圈电阻：13.4～14.2Ω	
	N31 喷油阀	发动机运转时为脉冲搭铁信号。喷油阀线圈电阻：13.4～14.2Ω	
	N32 喷油阀	发动机运转时为脉冲搭铁信号。喷油阀线圈电阻：13.4～14.2Ω	
	N33 喷油阀	发动机运转时为脉冲搭铁信号。喷油阀线圈电阻：13.4～14.2Ω	
	BATT	电源电压	

4．点火系统的检修

（1）检查注意事项

① 发动机运转时，不要触摸或拔下点火线。

② 由于汽油系统是有压力的，松汽油管接头前或松开测试接头前，要注意在接头下面垫块布。

③ 用启动机带动发动机旋转时，应拔下点火线圈插头和所有喷油器插头。

④ 拔下或插上喷油器插头或点火系的插头或测试导线、清洁发动机、拆装蓄电池前，要关闭点火开关。

（2）点火系技术数据

桑塔纳 2000GSi 轿车点火系统的技术数据如表 4-14 所示。

表 4-14 桑塔纳 2000GSi 点火系技术数据表

发动机代号	AJR
点火系统型式	具有两个点火线圈的双火花点火系
火花塞扭紧力矩	30N·m
火花塞电极间隙	0.9～1.1mm
火花塞插头	电阻约 5kΩ
点火次序	1—3—4—2
由控制单元切断的最高极限转速	6400r/min
点火提前角	不能调整，由发动机控制单元决定

（3）AJR 型发动机点火系统主要组件的检修

① 具有两个点火线圈的双火花点火系统的测试

AJR 型发动机点火系统采用无分电盘双火花直接点火系统。点火线圈发生故障，发动机立即熄火或不能启动。ECU 不能检测到该故障信息。如果一个火花塞由于开路使这个点火回路断开，那么和它共用一个点火线圈的火花塞也因电气线路故障而不能跳火；如果一个火花塞由于短路而不能跳火，但电气回路没有断开，那么和它共用一个点火线圈的火花塞仍然能够跳火。图 4-19 所示为 AJR 型发动机点火系统的电路接线图。

拔下点火线圈 4 针插头，用发光二极管测试灯连接蓄电池正极和插头上端子 4（如图 4-20 所示），发光二极管测试灯应亮。如果测试灯不亮，检查端子 4 和接地点的线路是否有断路。

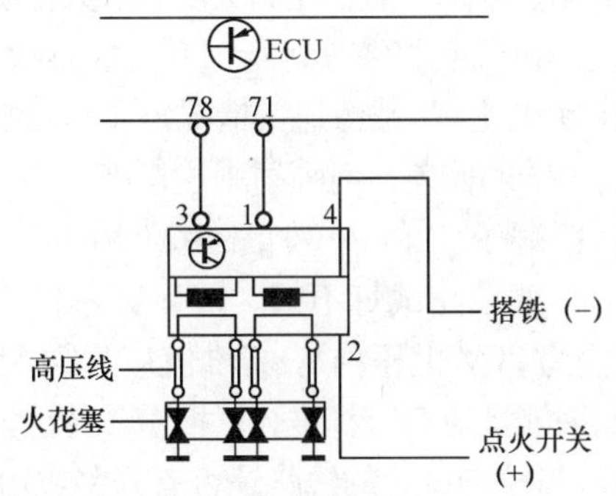

图 4-19 AJR 型发动机点火系统的电路接线图

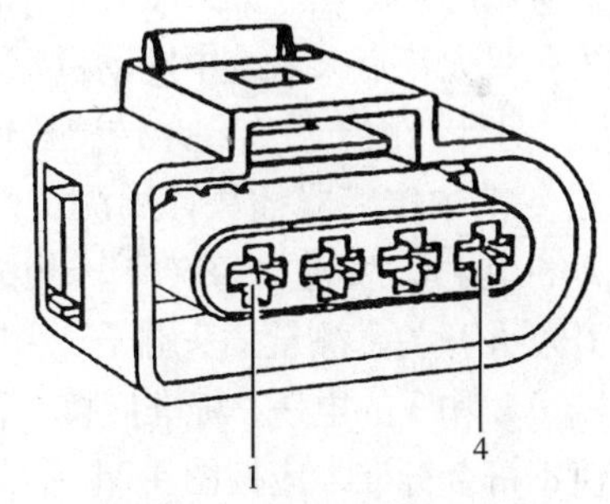

图 4-20 点火线圈 4 针插头

测试点火线圈的供电电压：拔下点火线圈的 4 针插头，用发光二极管测试灯连接在发动机接地点和插头上端子 2 之间，打开点火开关，发光二极管测试灯应亮。如果测试灯不亮，检查中央电器 D 插头 23 端子与 4 针插座端子 2 之间线路是否断路。

测试点火线圈工作：拔下 4 个喷油器的插头和点火线圈的 4 针插头，打开点火开关，用发光二极管测试灯连接发动机接地点和插头上端子 1，接通启动机数秒，测试灯应闪亮，然后用测试灯连接发动机接地点和端子 3，接通启动电动机数秒，测试灯应闪亮。如果测试灯不闪，检查点火线圈插头上端子和发动机控制单元线束的插头间导线是否开路或短路；如果线路正常，应更换发动机 ECU。

② 爆燃传感器的测试

桑塔纳 2000GSi 型发动机采用两个爆燃传感器，分别安装在汽缸体进气管侧第 1、第 2

缸和第3、第4缸之间。爆燃传感器发生故障时，发动机ECU能检测到故障信息，并能使发动机进入紧急状态下运行，此时各缸都相应推迟点火提前角约15°，发动机输入功率明显下降。爆燃传感器的连接电路如图4-21所示。

为了试验爆燃传感器的工作情况，可用08功能“读测量数据块”，选择13、14、15、16显示组。如果在08功能中不能实现爆燃传感器的测试，可查询故障代码。为了确保爆燃传感器功能完好，必须按规定扭紧力矩（20N·m）紧固。

爆燃传感器的3个端子之间（如图4-22所示）不应有短路现象，否则，更换爆燃传感器。传感器插头和发动机控制单元线束插头间的线路若有断路或短路，应排除故障。

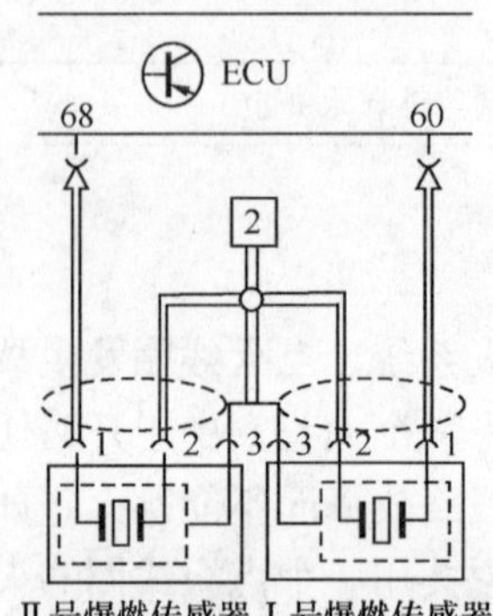

图4-21　爆燃传感器的连接电路图

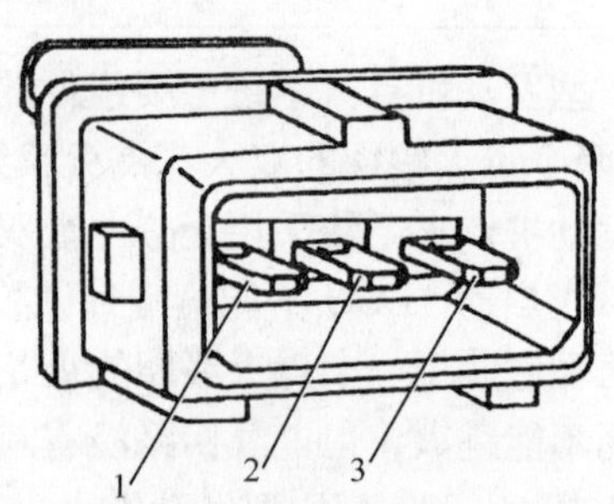

图4-22　爆燃传感器端子图

③ 霍尔传感器的测试

霍尔传感器发送第1缸点火位置，如果霍尔传感器发生故障，爆燃控制关闭，点火提前角稍微推迟，避免产生爆燃。如果没有霍尔传感器信号，发动机仍然将继续运行，并且能再次启动，这是因为在双火花点火系统中发动机每一转各缸产生1次火花，不是像通常情况每2转各缸产生1次火花。另外，由于没有霍尔传感器信号，只是产生一转的偏差，对喷射来说影响不大。

不拔下霍尔传感器插头，用测试灯从背面连接插头端子1和2（如图4-23所示），接通启动电动机几秒，发动机每转2转测试灯必须闪一下，如果测试灯不闪，拔下霍尔传感器插头，打开点火开关，测量插头端子1和3的电压（量程为20V电压挡），标准值应为约5V；测量插头端子2和3的电压，标准应接近蓄电池电压。如果测量值符合标准，更换霍尔传感器；如果测量值不符合标准，应按图4-24所示检查霍尔传感器与控制单元的线路是否有开路或短路。

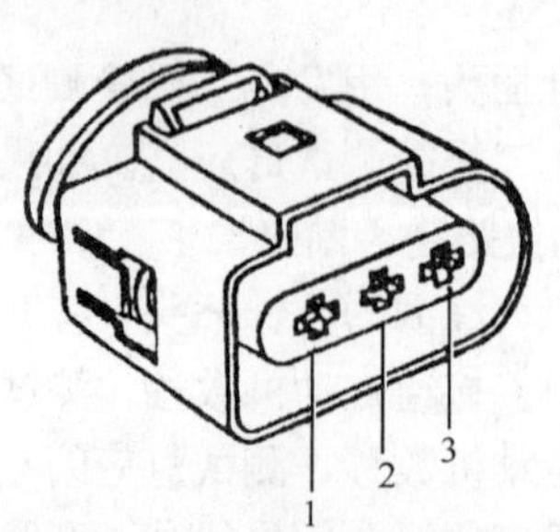

图4-23　霍尔传感器插头端子图

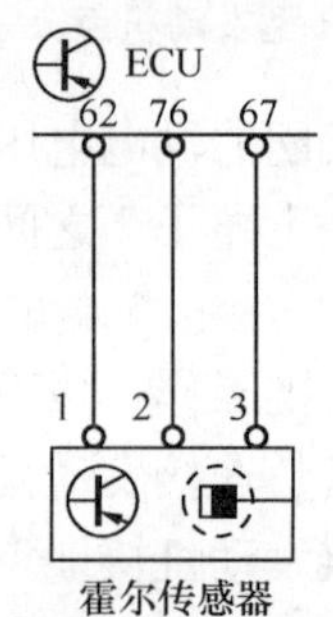

图4-24　霍尔传感器与控制单元连接电路图

5．汽车信息登记与故障再现

（1）汽车信息与故障再现

① 汽车信息登记见表 4-15。

表 4-15　　汽车信息登记

项　目	内　容
汽车型号	
客户反应	车辆发动机发抖
维修接待的维修意见	检查发动机

② 故障再现。

打开点火开关，观察发动机故障灯状态。□亮　　□不亮

③ 启动发动机，观察故障现象，在发动机出现的下述现象前打“✓”。

□ 发动机没有着车迹象

□ 发动机加速不良

□ 发动机怠速不稳定

□ 发动机发抖

□ 发动机启动后熄火

□ 踩下加速踏板后发动机熄火

□ 其他

④ 你观察到的故障现象是否与客户投诉的故障现象一致？如果不一致，是故障现象多了，还是少了？

(2) 故障诊断流程

① 发动机外观目检。

a．线束连接器是否连接良好？

b．检查结果记录见表 4-16。

表 4-16　　检查结果

故障部位	维修建议
线束连接器	
熔丝、继电器	

② 请用解码仪读取桑塔纳 2000 发动机故障代码。

a．有故障码吗？如果有请把故障代码写下来。

b．请按故障码的提示检查汽车故障，并写出步骤。

c．如果没有故障代码，请按常规方法检查发动机并写出故障排除步骤。

6．汽车复位与清洁（见表 4-17）

表 4-17　　汽车复位与清洁

项　目	内　容
启动汽车	□任务完成
发动机故障灯状态	□正常　□不正常
观察发动机运转状态	□正常　□不正常

续表

项　目	内　容
读取故障码 清除故障码	
汽车检验、交车	□任务完成

任务评价

一、自我评价

1．总结桑塔纳2000汽车发动机常见的故障。

2．本任务给你印象最深的是什么？

3．自己对学习本任务的自我评价（包括着装、学习态度、知识以及技能掌握程度、工作页的填写情况等）。

二、小组评价

序　号	评价项目	评价情况		
		好	中	差
1	团队合作精神			
2	学习是否积极主动			
3	服从工作安排的情况			
4	工具、仪器的使用情况			
5	工具整理、现场清理的情况			

三、教师评价

序　号	评价项目	评价情况		
		好	中	差
1	出勤情况			
2	着装情况			

续表

序　号	评 价 项 目	评 价 情 况		
		好	中	差
3	课堂秩序			
4	学习是否积极主动			
5	任务书填写			
6	工具、仪器的使用情况			
7	工具整理、现场清理的情况			

任务三　别克君威汽车发动机综合故障的诊断与检修

学习目标

◇ 了解别克君威汽车发动机电控系统的基本结构特点。
◇ 掌握别克君威汽车发动机电控系统的组成与工作原理。
◇ 能够正确地找到各总成部件的位置。
◇ 能排除别克君威动机的常见故障。
建议完成本任务的学时为 12 学时。

内容结构

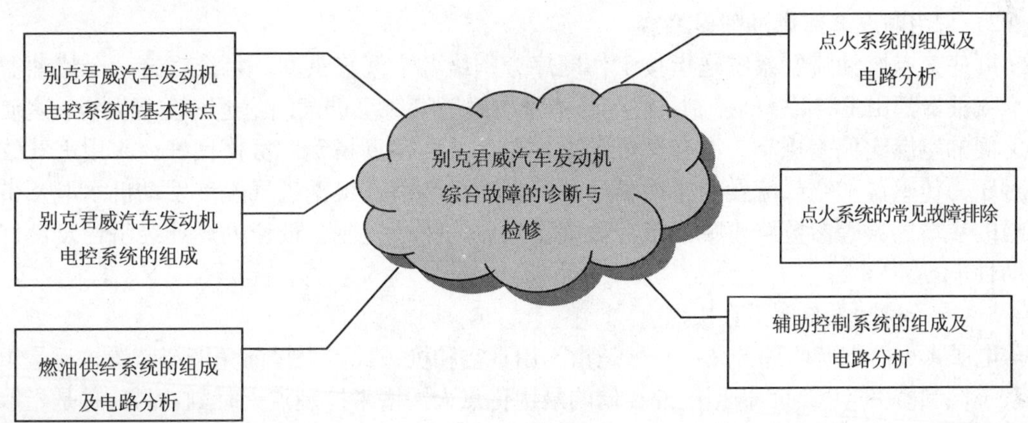

任务描述

一辆别克君威汽车，在行驶过程中发动机突然熄火了，再次启动发动机，发现发动机无着车迹象。汽车机电维修工根据维修前台接待提供的维修工单，在汽车机电维修工位以及规定工时内以经济的方式按照专业要求使用通用工具、发动机维修专用工具、设备和汽车维修资料等，完成一台别克君威汽车发动机的故障诊断与维修。按照标准规范对别克君威汽车发动机电控系统进行维护、拆卸、检查、修理、安装和调整等工作。对已完成的工作进行记录存档，保持工作场地满足安全作业及5S工作要求。

第一部分　任务学习引导

一、别克君威汽车发动机电控系统基本知识

别克君威汽车3.0L发动机采用顺序多点燃油喷射系统和无分电器直接点火系统，一体化动力系统控制模块（PCM）不仅控制发动机的正常运转，同时还控制自动变速器，具有以下特点。

1．采用集中控制方式

一般所说的发动机电控系统控制模块（ECM）或控制单元（ECU）仅对发动机进行控制，而别克君威汽车3.0L发动机采用一体化动力系统控制模块（PCM），不但能控制发动机燃油喷射和点火系统，还能控制自动变速器的换挡及变矩器锁止离合器，使发动机控制模块和自动变速器控制模块合二为一，允许使用共同输入，发动机和变速器传感器的数据共享，这减少了传感器的数量和外部信号连线。PCM 与其他控制模块或组件之间及此模块与诊断工具TECH2之间的通信采用串行数据总线，称为Class-2数据总线，数据传输速率为10.4kBit/s。不同的电子控制系统用一个总线相连，由总线控制的部件有动力系统控制模块（PCM）、车身控制模块（BCM）、电子制动牵引力控制模块（EBTCM）、空调控制（A/C）、辅助充气保护装置诊断模块（SDM）、组合仪表（IP）和音响娱乐（E/C）系统等。Class-2串行数据线静态电压为0V，传递电压为7V，本系统传送数据用的是可变脉宽。当两个部件同时传送数据时，要按数据的优先级传送。该总线上数据传递速率非常快，为10400Bit/s，满足SAE—J1850的串行数据传送的标准。这不但简化了整车电路连线，还大大提高了可靠性。

2．采用顺序多点燃油喷射系统

顺序多点燃油喷射系统是指按工作顺序分别给各个汽缸供油，每个汽缸一个喷油器，每个喷油器都由PCM分别控制，将汽油精密准确地喷射至进气门附近与空气混合，这使各缸之间的空燃比偏差极小，混合气分配更均匀，混合比更精确，雾化良好。采用进气歧管绝对压力传感器和空气流量传感器精确计算发动机负荷，根据进气温度发动机水温及带加热器的氧传感器等参数修正喷油量，保证了最佳的排放控制、最佳的燃油经济性及良好的启动性能。

3．电子控制无分电器直接点火

电子点火控制有两种含义：一种是指不用真空和机械式点火提前角调节装置，而是由动力系统控制模块（PCM）根据内部存储的最优化点火图谱来控制点火时刻；另一种是指取消了白金触点，点火线圈初级电流的通断和闭合角由点火控制模块（IC）控制，采用高能点火系统。无分电器直接点火（DIS）采用3个点火线圈，每个线圈给2个汽缸点火，取消了分电器，点火系统没有活动部件，也没有了机械磨损，使维修工作量减小。

4．采用闭环控制系统

闭环控制系统是指动力系统控制模块（PCM）利用排气管上的氧传感器，来检测混合气的空燃比，利用氧传感器的信号修正喷油量，使空燃比保持在理想的目标值附近。别克君威

轿车采用加热型的氧传感器可缩短氧传感器的预热时间，减小有害排放。对于特殊工况，如启动或急加速时，则不采用氧传感器的反馈信号，PCM 根据预设的程序喷油。

5．采用 OBD-Ⅱ车载诊断系统

当动力系统控制模块（PCM）检测有传感器、执行零件或线路出现故障时，PCM 能自动判断，并将故障信息存储起来，如果是与排放有关的故障，还将启亮仪表盘上的指示灯，称为自诊断系统。通用公司的专用故障诊断工具为 TECH2，它不但可以读取故障码，还可以读取汽车的运行参数。除此之外，利用 TECH2 还可以测量汽车故障发生时记录下来的运行参数，并且不能观察各传感器的工作波形，指令某执行元件（如怠速控制阀等）动作。该系统采用 OBD-Ⅱ车载诊断系统（ON-BOARD-DIAGNOSTIC），是第二代的诊断系统。

二、别克君威发动机电控燃油喷射系统

电控系统由电控模块、传感器和执行器 3 大部分组成。传感器是装在发动机及各有关部件的信号转换装置，其作用是检测相关运行参数，并将这些参数转换成为电信号送给电控模块。该发动机的主要传感器有冷液温度传感器、进气温度传感器、节气门位置传感器、进气歧管绝对压力传感器、空气流量传感器、发动机转速或曲轴位置传感器、凸轮轴位置传感器、爆燃传感器、氧传感器、车速传感器、空调压力传感器、空调请求信号、巡航定速信号等。电控模块是控制系统的核心，为传感器提供参考电路，同时接收各传感器送来的信息，对这些信息进行运算与处理，然后输出执行命令，控制执行零件的动作。执行器受电控模块的控制，是执行某项控制功能的装置，执行零件包括喷油器、点火模块、组合仪表中各仪表的工作、怠速控制步进电动机、废气再循环阀、活性炭罐清洗阀、冷却风扇空调压缩机、仪表报警控制等。电控系统的主要传感器部件包括空气供给系统、燃油喷射及点火控制，如图 4-25 所示。

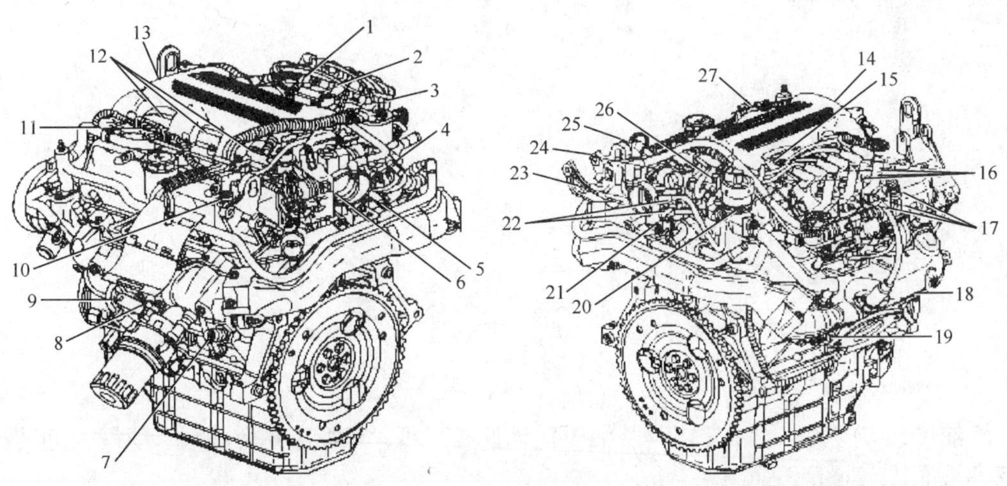

1—喷油器线速插头；2—进气歧管绝对压力；3—废气再循环阀；4—节气门位置传感器；5—节气门体；6—燃油压力调节器；7—机油压力开关；8—爆燃传感器；9—发动机转速传感器插头；10—曲轴箱强制通风；11—凸轮轴位置传感器插头；12—燃油导轨；13—上进气歧管；14—上进气歧管；15—进气歧管绝对压力传感器；16—高压线；17—点火线圈及模；18—氧传感器；19—曲轴位置传感器；20—废气再循环阀；21—节气门位置传感器；22—供油管与回油管；23—节气门体；24—怠速空气控制阀；25—曲轴箱强制通风阀；26—活性炭罐电磁阀；27—凸轮轴位置传感器线束插头

图 4-25　电控系统的主要部件

别克君威轿车 3.0L 发动机燃油供给系统主要有燃油箱、电动燃油泵、燃油液面传感器、输油管、燃油滤清器、燃油导轨、油压调节器以及喷油器，如图 4-26 所示。动力系统控制模块通过驱动燃油泵继电器控制燃油泵的工作，燃油经燃油泵加压后从输油管流出，经燃油滤清器过滤后进入燃油导轨。在燃油导轨的末端有燃油压力调节器，它将多余的燃油从回油管流回油箱。经压力调节后的燃油分配到各个汽缸的喷油器，喷油器根据 PCM 的指令动作，将适量的燃油喷入进气歧管中，与空气混合，形成可燃混合气，进入发动机的汽缸内燃烧做功。

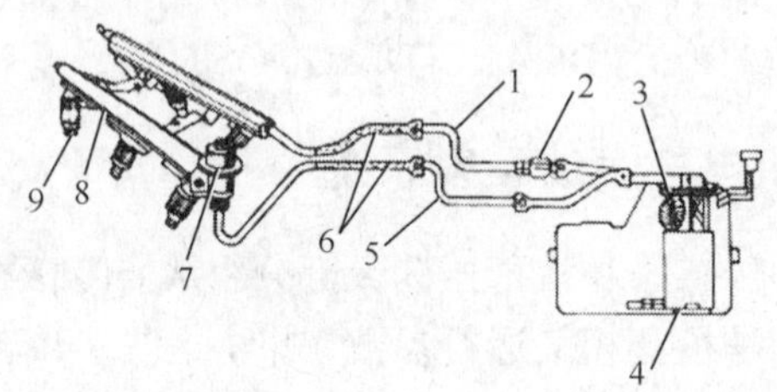

1—供油管；2—燃油滤清器；3—电动燃油泵；4—滤网；5—回油管；
6—燃油软管；7—油压调节器；8—燃油导轨；9—喷油器

图 4-26　燃油供给系统的组成

1．燃油箱、加油管与油条加油口盖

燃油箱位于汽车的后部，为全塑材质，容量为 72L，如图 4-27 所示。燃油箱的内部包括一个液箱，用于在燃油液面较低时，燃油泵能保持连续供油，使汽车能正常运行。燃油箱加油管如图 4-28 所示，加油管单向阀管连接在燃油管上，从燃油箱进口伸入油箱。单向阀的作用是防止加油时燃油回流，从加油口喷出。在油箱盖内有一个力矩限制装置，在安装油箱盖时，顺时针旋拧直到听到“嗒嗒”声，表明油箱盖已拧到位并且力矩正确。如果油箱盖没有拧到位，会造成燃油蒸发排放系统失效，如图 4-29 所示。

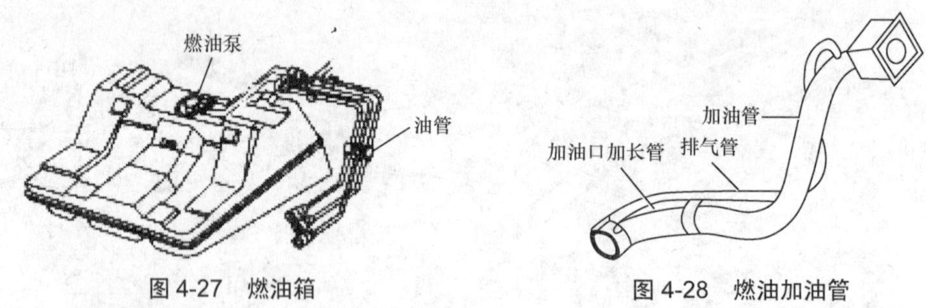

图 4-27　燃油箱　　　　图 4-28　燃油加油管

2．燃油传送器总成

燃油传送器安装在燃油箱内，从油箱顶部伸入油箱，包括电动燃油泵、滤网、翻转阀以及燃油液面传感器等，如图 4-30 所示。

3．燃油泵

燃油泵安装在燃油传送器的燃油储存器中，为电动高压转子式油泵，它按规定的流量和压力将燃油泵入分配油道。电动燃油泵由动力系统控制模块通过燃油泵继电器控制。当接通点火开关时，PCM 控制燃油泵继电器工作 2～5s，以迅速建立起油压。如果在 5s 内没在启动发动机，PCM 控制燃油泵停止运转并等待发动机启动（如图 4-31 所示）。当发动机启动且

PCM 检测到点火参考脉冲（由 7X 转换而来的 3X 转速信号）时，则 PCM 之 C2-3 脚输出 12V 电压，燃油泵继电器通电做功，燃油泵开始供油。

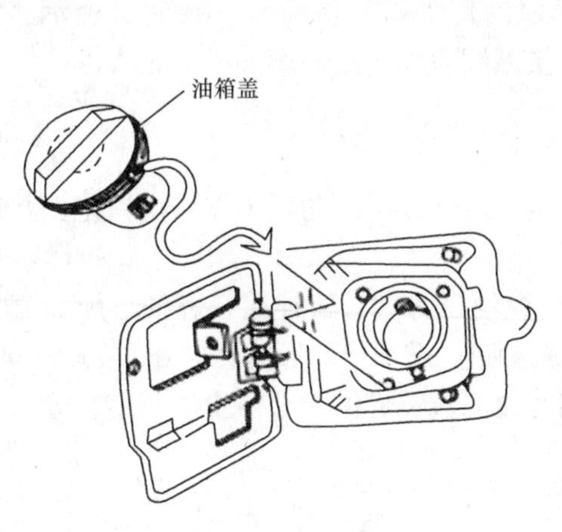

图 4-29 燃油加油箱盖

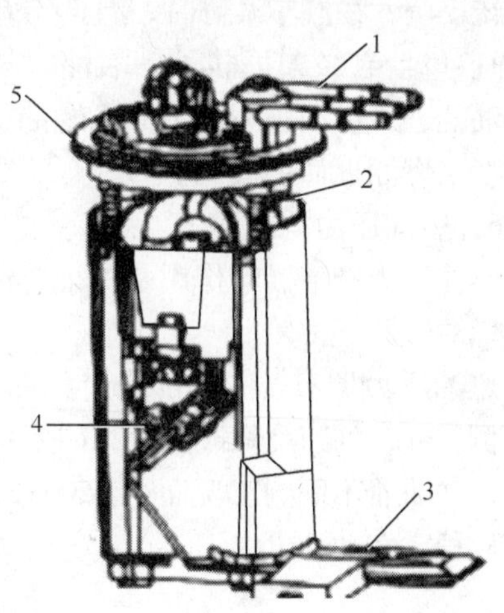

1—油管；2—翻转阀；3—滤网；4—燃油液面传感器；5—燃油传送器总成

图 4-30 燃油传送器总成

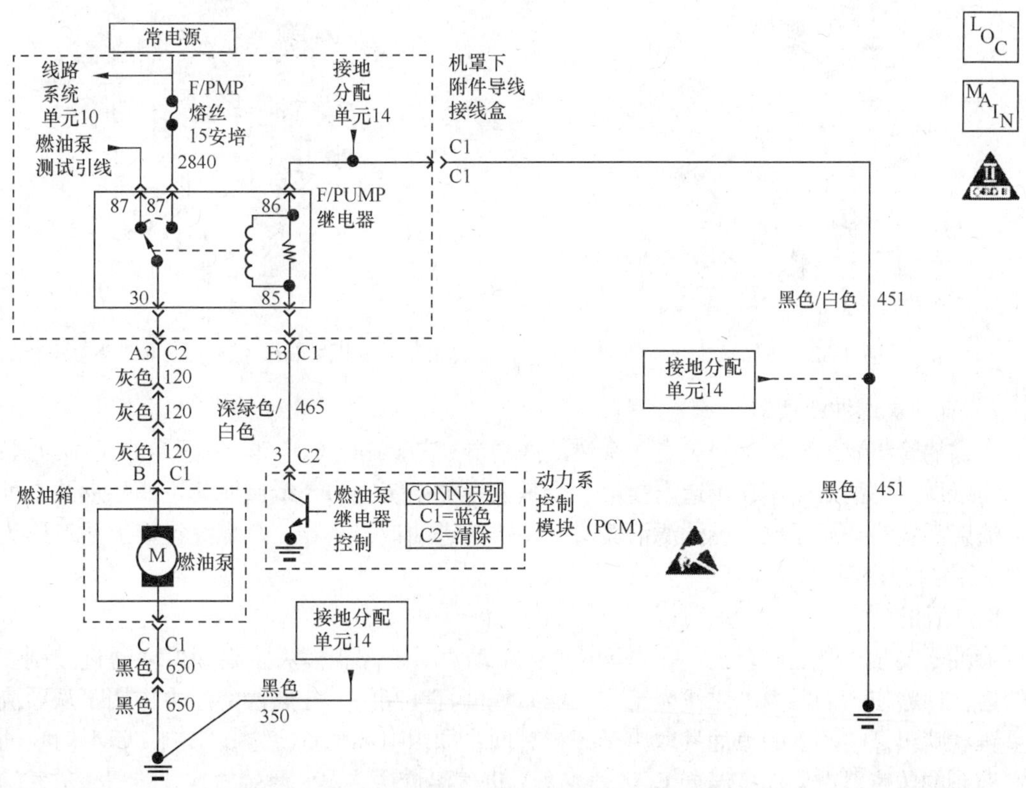

图 4-31 燃油泵控制电路图

翻转阀的作用是在车辆发生翻倾时，切断油路供应，防止燃油流进油管中。

4．燃油液面传感器

燃油液面传感器安装在燃油传送总成上，包括浮子、钢丝、浮子臂以及陶瓷电阻片。

5．燃油油道

燃油油道包括供油管、回油管、燃油蒸气管和燃油导轨。因部分油管为尼龙材料，为确保系统安全，在汽车维修时，温度不宜超过 90℃。燃油导轨也称燃油分配管道，左油轨向偶数汽缸（2、4、6 缸）供油，右油轨向奇数汽缸（1、3、5 缸）供油，如图 4-32 所示。燃油通过油轨进入燃油压力调节器，燃油压力调节器使燃油喷油器上的燃油相对压力保持恒定，并让多余燃油返回燃油箱。

6．燃油压力调节器

燃油压力调节器的作用是保证燃油管内的油压与进气歧管内的压力差保持恒定，并使多余的燃油流回燃油箱。

燃油压力调节器的内部构造如图 4-33 所示。燃油压力调节器连接在燃油分配油道燃油回油侧，可以单独维修或更换。如果用燃油压力表测量，燃油绝对压力在怠速时约为 260kPa 左右，并随着不同的工况而在 250～310kPa 之间变化。拔掉燃油调节器上的真空软管后，压力表应稳定在 300kPa。

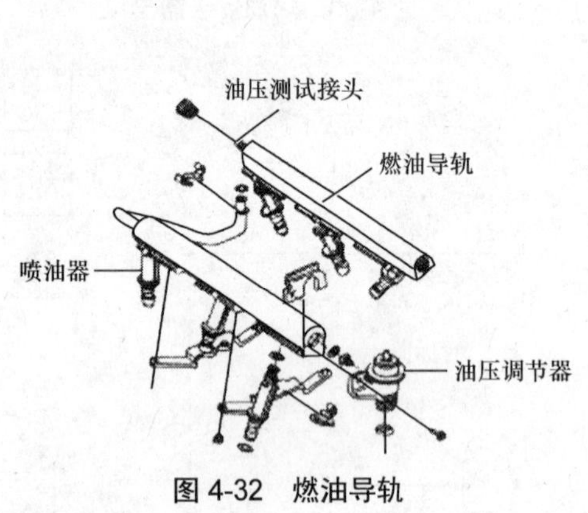

图 4-32　燃油导轨

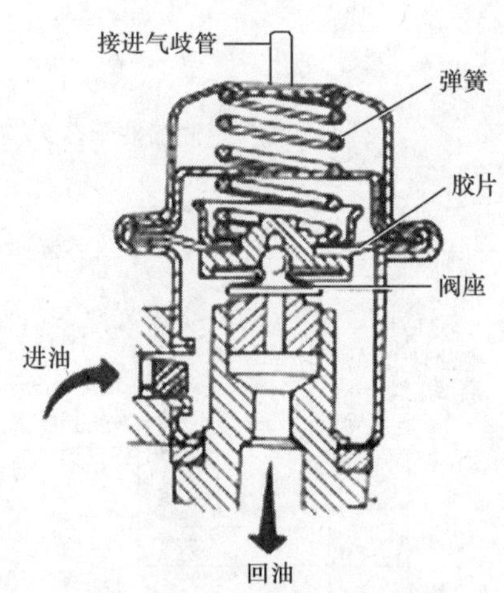

图 4-33　燃油压力调节器

7．直列式燃油滤清器

在供油管与燃油导轨之间装有一个燃油滤清器，安装在汽车底部。滤清器的壳体为钢质，滤芯为纸质，滤清器壳体在制造上能够承受最大燃油系统压力，纸质滤芯可滤除燃油中可能损坏喷射系统的杂质颗粒。燃油滤清器有一个快速进油口接头和一个螺纹连接出油口接头，用 O 形密封圈密封。

8．喷油器

喷油器安装在燃油导轨上，喷油器的工作由动力系统控制模块控制。PCM 通过控制喷油器的搭铁回路使喷油器内电磁线圈工作，电磁线圈打开阀门，在燃油的压力作用下从导流板上呈锥状喷出。喷油器的喷油量取决于开启时间，即由喷油脉宽决定。影响 PCM 对喷油器脉宽控制的传感器有发动机温度 ECT 传感器、进气温度传感器、曲轴转速传感器、节气门位置传感器、进气压力或空气流量传感器、氧传感器以及系统电压等。

三、电控点火系统

别克君威汽车 3.0L 发动机采用无分电器高能电子点火系统，简称 EI 系统。点火系统主要部件有点火模块、3 个点火线圈、曲轴位置传感器、发动机转速传感器、凸轮轴位置传感器、爆燃传感器、高压线、火花塞和动力系统控制模块，具有点火能量高、控制精确、运动部件少、无须机械调整、维修量少的优点。

1．点火线圈

采用无分电器分组点火方式，每 2 个汽缸合用一个点火线圈，故别克君威汽车 3.0L 发动机共采用 3 个点火线圈，分别安装在点火模块上，每个点火线圈可单独更换，如图 4-34 所示。

对于别克君威汽车 3.0L 发动机，1—4、2—5、3—6 缸分别合用一个点火线圈。

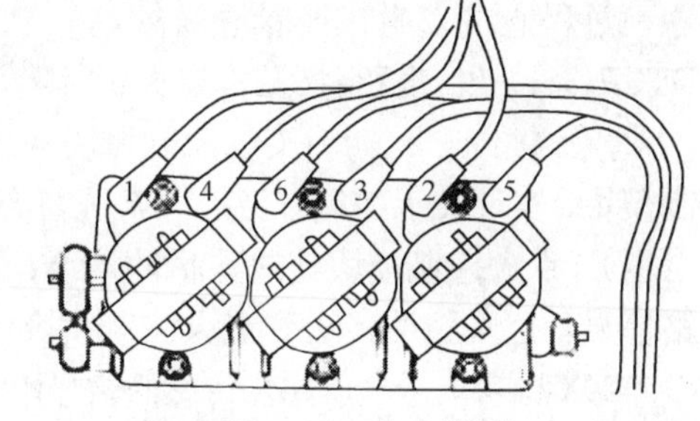

图 4-34 点火线圈

2．点火控制模块

点火控制模块的作用如下。接收来自曲轴位置传感器信号，确定正确的点火顺序并按正确的顺序控制点火线圈初级电流的通断，启动发动机时，当点火模块认别出同步信号（SYNC 信号，信号盘中第 7 切槽）后，先跳过第 1 切槽，然后在第 2 切槽时控制 2—5 缸点火；然后再跳过第 3 切槽，在第 4 切槽控制 3—6 缸点火；最后，在第 6 切槽时控制 1—4 缸点火。也就是曲轴转第一圈时使点火顺序前 1—2—3 缸点火；下一圈时使点火顺序 4—5—6 缸点火，发动机的点火顺序是 1—2—3—4—5—6。在启动过程中，通常是先给 2 缸点火，这一过程不受动力系统控制模块控制。实际上可将动力系统控制模块与 ICM 连线断开，只要点火系统部件功能正常，点火系统仍将使火花塞打火。发动机一旦启动，PCM 就控制点火提前角。

3．点火系统工作模式

点火系统有两种工作模式，即旁路模式和点火控制模式。

在发动机启动过程中或检测到动力系统控制模块及点火模块有故障时，点火处于旁路模式。在旁路模式下，点火系统独立运行，不受 PCM 控制，在旁路模式点火提前固定在上止点前 10°。发动机启动后正常运转时，点火切换到控制模式，点火时间由 PCM 控制。在点火控制模式下，由 PCM 根据如下输入信号计算点火提前角：

——发动机转速；

——曲轴位置；

——凸轮轴位置；

——发动机冷却液温度；

——节气门位置；

——爆燃信号；

——驻车/空挡位置输入；

——车速信号；

——PCM 和点火系统供电电压；

——发动机负载（MAF/MAP）；

——大气压（BARO）；

——进气温度。

4．点火系统电路

3X 参考高——7X 曲轴位置传感器发送信号给点火控制模块，点火控制模块产生 3X 参照脉冲并传送到动力系统控制模块，PCM 选用此信号计算发动机转速超过 1600r/min 时的曲轴

位置、发动机转速及触发燃油喷油器。

3X 参考低——该线路通过支力系统控制模块接地，并保证点火控制模块和动力系统控制模块之间的接地电路没有压降。

点火控制旁路——在初始启动时，由点火模块控制点火提前角。动力系统控制模块收第二个 3X 脉冲时，将向旁路电路提供 5V 电压，指令点火控制模块将点火提前角转为 PCM 控制。这一过程通常发生在曲轴旋转的第一、二圈内。如果旁路电路开路或接地，将设置故障码 DTCP1351，发动机将按基本点火正时运行。为提高性能，在点火模块中建立少量的点火提前。

点火控制——动力系统控制模块利用该电路向点火控制模块发送正时脉冲，触发点火控制模块，实现点火控制。当点火系统在旁路模式下时（动力系统控制模块尚未发送 5.0V 旁路电压），点火控制模块将这些脉冲接地，在点火控制模式下，动力系统控制模块已提供 5V 旁路信号，这些脉冲传送到点火控制模块，以控制点火正时。

24X 参考信号——24X 传感器信号用以计算 1600r/min 以内的发动机转速。在标定转速下，24X 的分辨率较高，可以提高怠速控制质量和低速驾驶性能。发动机转速超过 1600r/min 时，动力系统控制模块开始用 3X 参照信号控制点火正时。其具体点火控制电路如图 4-35 所示。

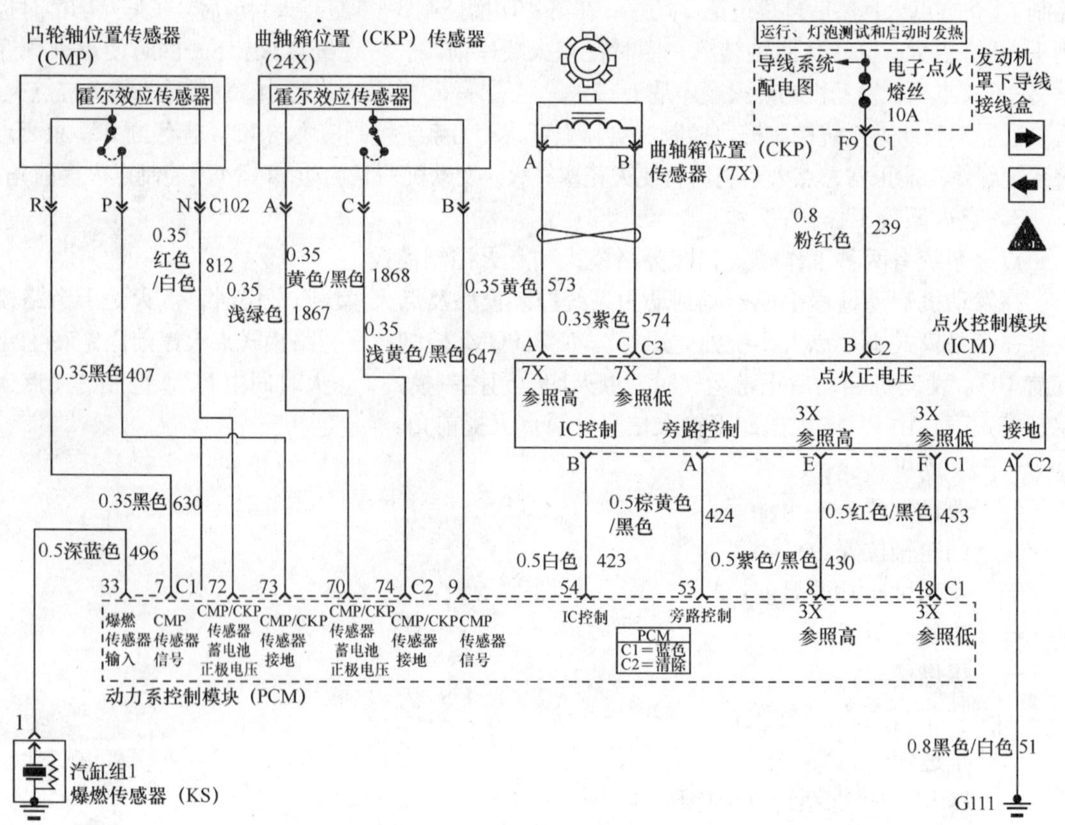

图 4-35　别克君威点火控制电路图

四、辅助控制系统

该发动机采用了催化转化器系统、曲轴箱通风系统、燃油蒸发排放控制系统、怠速控制系统以及废气再循环系统。

五、别克君威3.0发动机常见故障的诊断与排除

别克君威发动机常见故障的诊断与排除如表 4-18 所示。

表 4-18 别克君威发动机常见故障的诊断与排除

故障现象	可能的故障部位	故障检查与排除
发动机转不动	蓄电池电压过低；点火开关电路；启动机及继电器电路	(1) 用放电计检查蓄电池的电压 (2) 检查点火开关、熔丝 (3) 检查启动继电器以及其电路 (4) 检查启动机
发动机能转动但无初始燃烧	低压电路；转速传感器及其电路；点火线圈；霍尔传感器；火花塞；真空泄漏；电动汽油泵继电器；主继电器；汽油泵；燃油压力调节器；油管漏油；喷油器及电路；ECU 及熔丝；汽缸压力不正常、正时不对	(1) 检查是否有高压火 (2) 检查是否喷油 (3) 检查燃油压力 (4) 检查燃油供给管路 (5) 检查从微电脑输出的点火信号线是否有信号 (6) 检查燃油继电器及其电路 (7) 检查油泵及油泵电路 (8) 检查发动机转速传感器 (9) 检查 ECU 的工作电源 (10) 检查熔丝，主继电器及其电路 (11) 检查汽缸压力 (12) 检查正时皮带
燃烧不完全	高压线漏电；火花塞；霍尔传感器；爆燃传感器；真空泄漏；空气滤清器堵塞；节气门控制组件怠速定位计；空气流量计；汽油泵；燃油压力调节器；冷却液温度传感器；喷油器；汽缸压力、汽缸盖密封性	(1) 检查空气滤清器 (2) 用诊断仪读取故障码 (3) 根据故障代码的内容维修 (4) 检查燃油压力 (5) 检查喷油器 (6) 检查火花塞 (7) 检查点火电路 (8) 检查汽缸压力
冷启动困难	燃油质量；油管堵塞或漏油；燃油压力调节器；汽油泵；冷却液温度传感器；进气温度传感器；喷油器；启动信号电路；点火信号电路；点火线圈；火花塞	(1) 检查燃油压力和燃油泵电路 (2) 用诊断仪读取故障代码 (3) 根据故障代码的内容维修 (4) 检查火花塞 (5) 检查点火电路以及点火线圈 (6) 重新匹配节气门 (7) 检查汽缸压力
热启动困难	真空泄漏；节气门控制组件；冷却液温度传感器；进气温度传感器；燃油压力调节器；喷油器；点火信号电路；点火线圈；火花塞	(1) 检查燃油压力 (2) 检查燃油供给系 (3) 用微电脑诊断仪读取故障码 (4) 根据故障代码内容维修 (5) 重新匹配节气门 (6) 检查火花塞 (7) 检查点火电路及点火线圈 (8) 检查汽缸压力

续表

故障现象	可能的故障部位	故障检查与排除
常温启动困难	汽油泵；燃油压力调节器；喷油器；空气流量计；冷却液温度传感器；霍尔传感器；点火线圈；点火信号电路；火花塞；ECU；配气正时不对；正时齿带；气门关闭不严；汽缸垫不密封；活塞环与汽缸壁密封不严；火花塞处漏气	(1) 检查燃油压力 (2) 检查燃油供给系及其电路 (3) 用微电脑诊断仪读取故障代码 (4) 根据故障码的内容维修 (5) 检查火花塞 (6) 检查点火电路以及点火线圈 (7) 检查节气门，重新匹配节气门 (8) 检查汽缸压力 (9) 检查正时皮带
开始怠速过高	油门拉索调整不当；冷却液温度传感器；空调开关常开；节气门控制组件；ECU	(1) 检查油门拉索 (2) 重新匹配节气门 (3) 检查空调开关 (4) 用微电脑诊断仪读取故障码 (5) 根据故障代码的内容维修 (6) 检查燃油压力
怠速不稳	燃油压力调节器；喷油器；节气门控制组件；氧传感器；进气温度传感器；冷却液温度传感器；活性炭罐电磁阀；高压分线绝缘；火花塞及插孔漏电；点火信号电路；ECU；气门关闭不严；汽缸磨损严重；曲轴箱通风阀	(1) 重新匹配节气门 (2) 用微电脑诊断仪读取故障码和分析数据流 (3) 根据故障码的内容维修 (4) 检查火花塞 (5) 检查点火电路及点火线圈 (6) 检查检查曲轴箱通风阀 (7) 检查燃油蒸汽控制排放阀 (8) 检查汽缸压力 (9) 检查正时皮带
排气放炮(突突声)	火花塞；高压线漏电；点火线圈；喷油器；燃油压力调节器；节气门控制组件；空气流量计；爆燃传感器；冷却液温度传感器	(1) 检查燃油压力 (2) 检查喷油器 (3) 用微电脑诊断仪读取故障码 (4) 根据故障码的内容维修 (5) 检查火花塞 (6) 检查点火电路及点火线圈 (7) 检查汽缸压力 (8) 检查正时皮带

第二部分 任务实施

在任务实施的过程中，将学习发动机故障重现的作用、外观目视检查发动机，通过维修手册查找发动机电控系统电路图、正确识读电路图，检测发动机故障。

一、工具准备

在实施工作前，每小组按表 4-19 准备好完成本任务所需的资料、工具。

表 4-19 工具准备

资料、工具的名称	数 量
别克君威轿车发动机台架	1 台
维修手册	1 本
万用表	2 个
示波器	1 台
解码仪	1 台
维修导线	1 扎
常用工具	1 套
火花塞套筒	1 个

二、技术要求与标准

① 所有操作符合安全操作要求。

② 所有操作符合别克君威汽车电子控制系统的维修技术标准。

③ 在操作过程中不允许出现安全事故。

三、要完成的工作

1．发动机控制单元各端子的检测

主要内容及目的：熟悉检测传感器的基本要领，能够判断传感器的好坏；能够正确检测别克发动机各传感器、执行机构的检测。

找到相应端子号，对应标准数据测量，并将测量数据填入表 4-20 中。

表 4-20 测量数据

测量端子	功 能	测 量 结 果	测量端子	功 能	测 量 结 果
	变速器油液温度传感器接地			换挡电磁阀 B 控制（2—3 换挡电磁阀	
	未使用			未使用	
	换挡电磁阀线圈 A 控制（1—2 换挡电磁阀）			喷油器 3 控制	
	风扇高速控制			喷油器 2 控制	
	风扇低速控制			参照低	
	凸轮轴位置输入			未使用	
	3X 参考			旁路	

续表

测量端子	功　能	测量结果	测量端子	功　能	测量结果
	24X 参考			点火控制 IC	
	MAP 信号高			未使用	
11、12	未使用			动力系统控制模块接地	
	MAP、ECT 传感器接地			动力系统控制模块接地	
14、15	未使用			Class-2 级串行数据	
	动力系统控制模块接地			未使用	
	进气温度传感器接地			动力系统控制模块接地	
18	未使用			节气门位置传感器接地	
	点火正极电压			未使用	
	蓄电池正极电压			车速传感器信号高	
	未使用			车速传感器信号低	
28	未使用			未使用	
	加热型氧传感器信号低			变速器驱动机构挡位开关 B	
	变矩器离合器制动器开关输入			空气流量传感器信号	
31	废气再循环枢轴位置传感器接地		70、72	未使用	
32	废气再循环阀控制			喷油器 5 控制	
33	爆燃传感器信号		74、75	未使用	
34、37	未使用			炭罐蒸发排放控制	
38	怠速空气控制阀 B 信号高		77、78	未使用	
	未使用			喷油器 6 控制	
	喷油器 1 控制			空调压力传感器	
1、2	未使用		40、41	未使用	
	燃油泵继电器控制			燃油喷油器 4 控制	
	废气再循环阀供电		43	未使用	
	故障指示灯控制			怠速空气控制阀 A 信号低	
6	未使用		45、48	未使用	
	怠速空气控制阀高			怠速空气控制阀 B 信号低	

续表

测量端子	功 能	测量结果	测量端子	功 能	测量结果
8、9	未使用			进气温度传感器	
	氧传感器信号高		51、55	未使用	
11、15	未使用			变速器挡位开关 C	
	变速器挡位开关 P			未使用	
	未使用			发动机机油油位开关输入	
	变速器挡位开关 A		59、60	未使用	
	发动机机油压力开关输入			发电机 L 端子控制	
20、21	未使用		62、65	未使用	
	空调请求			节气门位置传感器信号	
	点火正极电压		67	未使用	
	点火正极电压			变速器油液温度传感器	
	进气歧管绝对压力传感器信号			燃油液面传感器输入	
	发动机冷却液温度传感器信号			曲轴位置传感器供电	
	空调制冷剂压力传感器信号		71	未使用	
	废气再循环阀枢轴位置信号			凸轮轴位置传感器供电	
	发电机 F 端子监视器			凸轮轴位置传感器接地	
	5V 参考 A			曲轴位置传感器接地	
31、32	未使用		75	未使用	
	5V 参考 A			启动机启用控制	
34	5V 参考 B		77	未使用	
35	传感器接地			TCC 脉宽调制电阀阀控制	
36、38	未使用			变矩器离合器电磁阀控制	
39	空调压缩机电磁离合器继电器控制		80	未使用	

2．汽车信息登记与故障再现

（1）汽车信息登记见表4-21

表4-21 汽车信息登记

项　　目	内　　容
汽车型号	
客户反应	发动机发抖
维修接待的维修意见	检查发动机

（2）故障再现

① 打开点火开关，观察发动机故障灯状态。□亮　　　　□不亮

② 启动发动机，观察故障现象，在发动机出现的下述现象前打“✓”。

□发动机启动困难

□发动机加速不良

□发动机怠速不稳定

□发动机发抖

□发动机启动后熄火

□踩下加速踏板后发动机熄火

□其他

③ 你观察到的故障现象是否与客户投诉的故障现象一致？如果不一致，是故障现象多了，还是少了？

（3）诊断流程

① 发动机外观目检。

a．线束连接器是否连接良好？

b．检查结果记录见表4-22。

表4-22 检查结果

故障部位	维修建议
线束连接器	
熔丝、继电器	

② 请用解码仪读取别克发动机故障代码。

a．有故障码吗？如果有请把故障码写下来，并按故障码的提示维修发动机。

b．如果没有故障码，请按常规方法检查发动机，并写出故障排除步骤。

3．汽车复位与清洁见表4-23

表4-23 汽车复位与清洁

项　　目	内　　容
启动汽车	□任务完成
发动机故障灯状态	□正常　　□不正常

续表

项　　目	内　　容
观察发动机运转状态	□正常　　□不正常
读取故障码 清除故障码	
汽车检验、交车	□任务完成

任务评价

一、自我评价

1．别克君威汽车发动机常见的故障有哪些？这些故障一般如何处理？

2．本任务给你印象最深的是什么？

3．自己对学习本任务的自我评价（包括着装、学习态度、知识以及技能掌握程度、工作页的填写情况等）。

二、小组评价

序　　号	评 价 项 目	评 价 情 况		
		好	中	差
1	团队合作精神			
2	学习是否积极主动			
3	服从工作安排的情况			
4	工具、仪器的使用情况			
5	工具整理、现场清理的情况			

三、教师评价

序　号	评价项目	评价情况		
		好	中	差
1	出勤情况			
2	着装情况			
3	课堂秩序			
4	学习是否积极主动			
5	任务书填写			
6	工具、仪器的使用情况			
7	工具整理、现场清理的情况			

任务四　丰田卡罗拉汽车发动机综合故障的诊断与检修

学习目标

◇ 了解丰田卡罗拉发动机电控系统的基本结构特点。
◇ 叙述丰田卡罗拉发动机电控系统的组成与工作原理。
◇ 能够正确地找到各组成部分的位置。
◇ 能排除丰田卡罗拉发动机的常见故障。

建议完成本任务的学时为 12 学时。

内容结构

任务描述

一辆丰田卡罗拉汽车，在行驶过程中发动机突然熄火了，再次启动发动机，发现发动机无着车迹象。汽车机电维修工根据维修前台接待提供的维修工单，在汽车机电维修工位以及规定工时内以经济的方式按照专业要求使用通用工具、发动机维修专用工具、设备和汽车维修资料等，完成一台丰田卡罗拉汽车发动机的故障诊断与维修。按照标准规范对丰田卡罗拉汽车发动机电控系统进行维护、拆卸、检查、修理、安装和调整等工作。对已完成的工作进行记录存档，保持工作场地满足安全作业及5S工作要求。

第一部分　任务学习引导

一、零件位置图（如图4-36、图4-37所示）

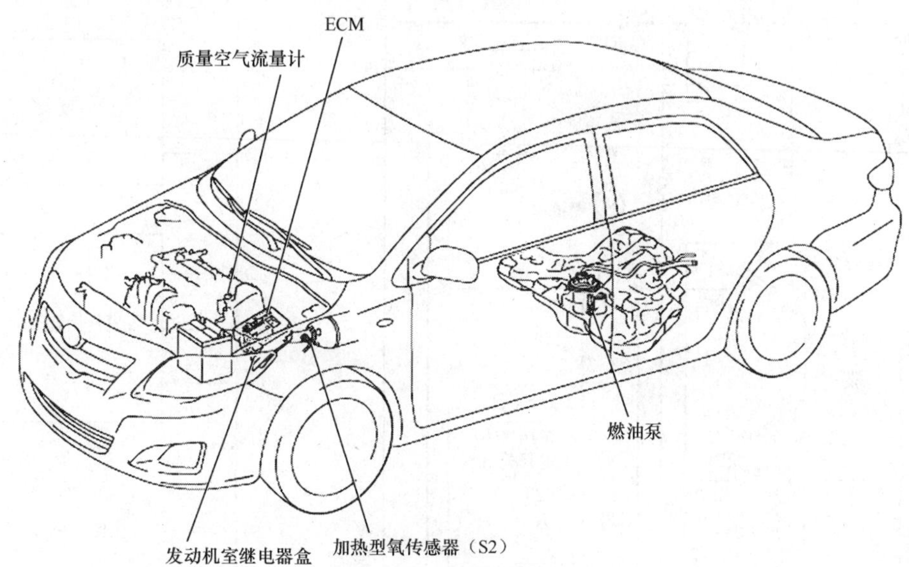

图4-36　零件位置图1

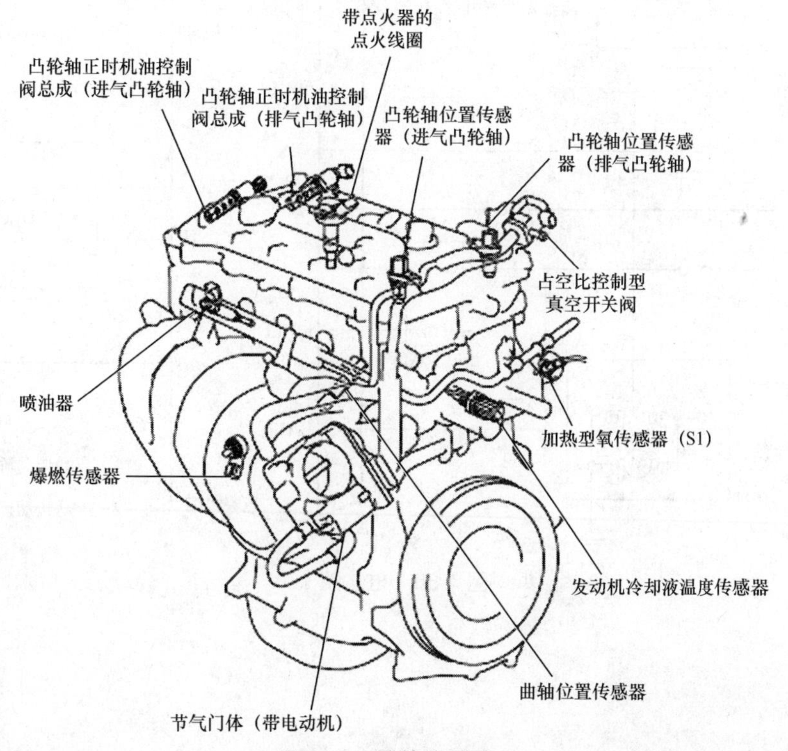

图4-37　零件位置图2

二、系统电路图（如图4-38～图4-41所示）

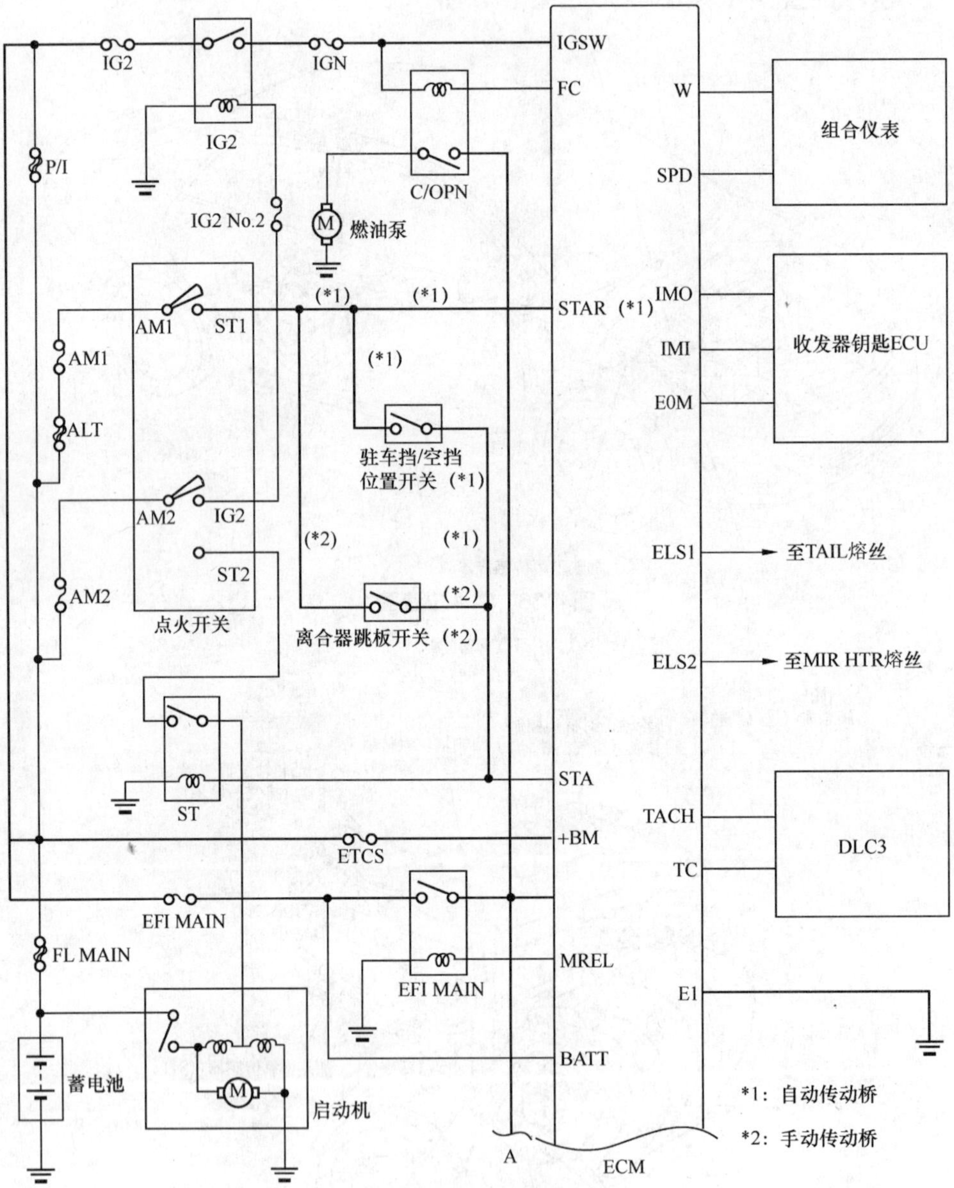

IG2
IGN
IGSW
FC
IG2
C/OPN
P/I
IG2 No.2
燃油泵
AM1
ST1
(*1)
(*1)
STAR（*1）
AM1
(*1)
ALT
驻车挡/空挡
位置开关（*1）
AM2
IG2
(*2)
(*1)
ST2
(*2)
AM2
点火开关
离合器跳板开关（*2）
ST
STA
ETCS
+BM
EFI MAIN
FL MAIN
EFI MAIN
MREL
蓄电池
BATT
启动机
A
ECM
W
SPD
组合仪表
IMO
IMI
E0M
收发器钥匙ECU
ELS1
至TAIL熔丝
ELS2
至MIR HTR熔丝
TACH
TC
DLC3
E1
*1：自动传动桥
*2：手动传动桥

图 4-38　电路图 1

A
ECM
EFI No.2
EFI No.1
+B
+B2
PRG
清污VSV
HT1A
OX1A
EX1A
HT1B
OX1B
EX1B
加热型氧传感器（B1 S1）
加热型氧传感器（B1 S2）
质量空气流量计
THA
E2G
VG
ETHA
VCP2
VPA2
EPA2
VCPA
VPA
EPA
节气门踏板位置传感器
ST1-
STP
至IGN熔丝
至STOP熔丝
刹车灯开关
KNK1
EKNK
爆燃传感器
NE+
NE-
曲轴位置传感器
E02
E03
E04

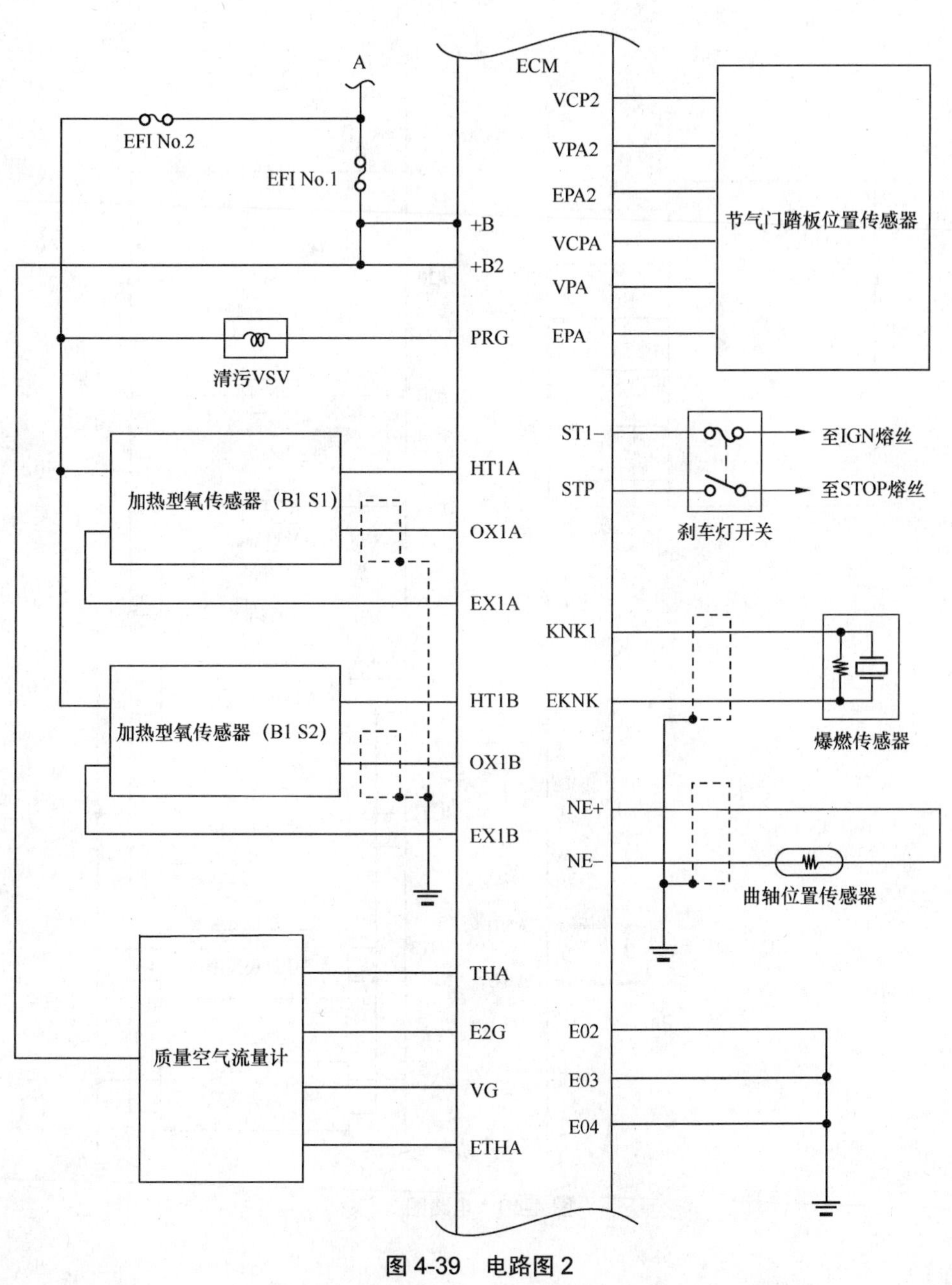

图 4-39 电路图 2

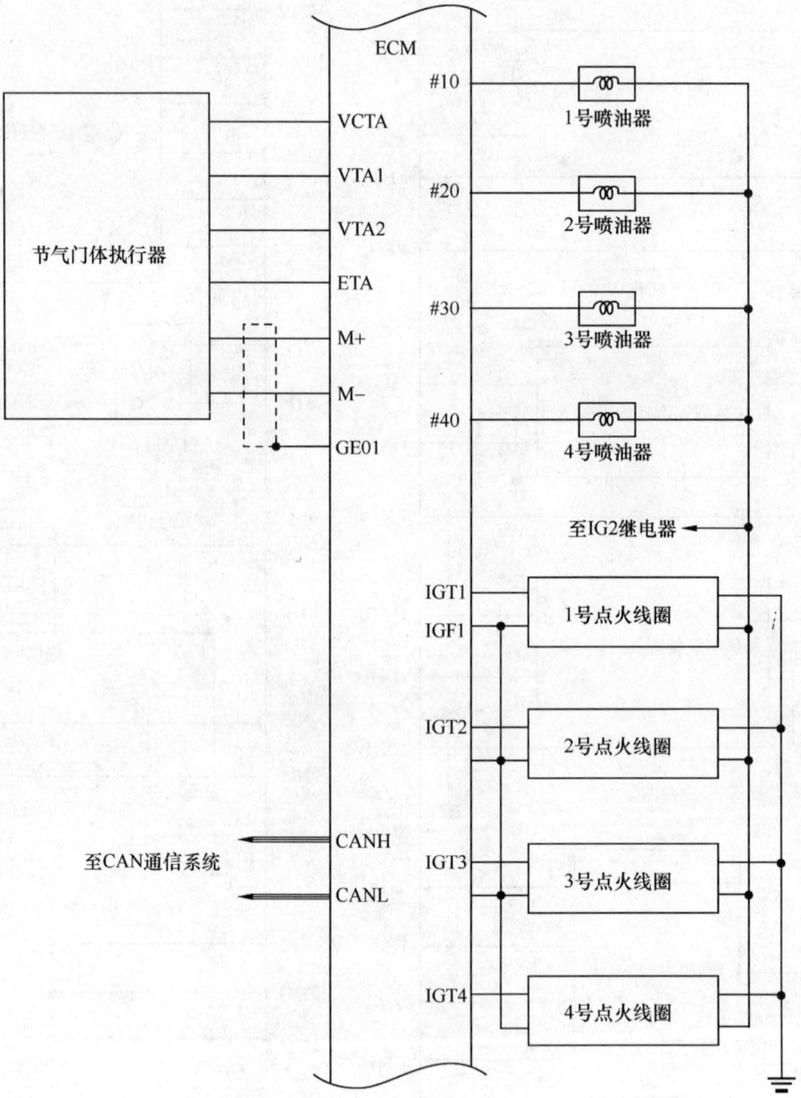

ECM
节气门体执行器
VCTA
VTA1
VTA2
ETA
M+
M−
GE01
#10
1号喷油器
#20
2号喷油器
#30
3号喷油器
#40
4号喷油器
至IG2继电器
IGT1
IGF1
1号点火线圈
IGT2
2号点火线圈
IGT3
3号点火线圈
IGT4
4号点火线圈
至CAN通信系统
CANH
CANL

图 4-40　电路图 3

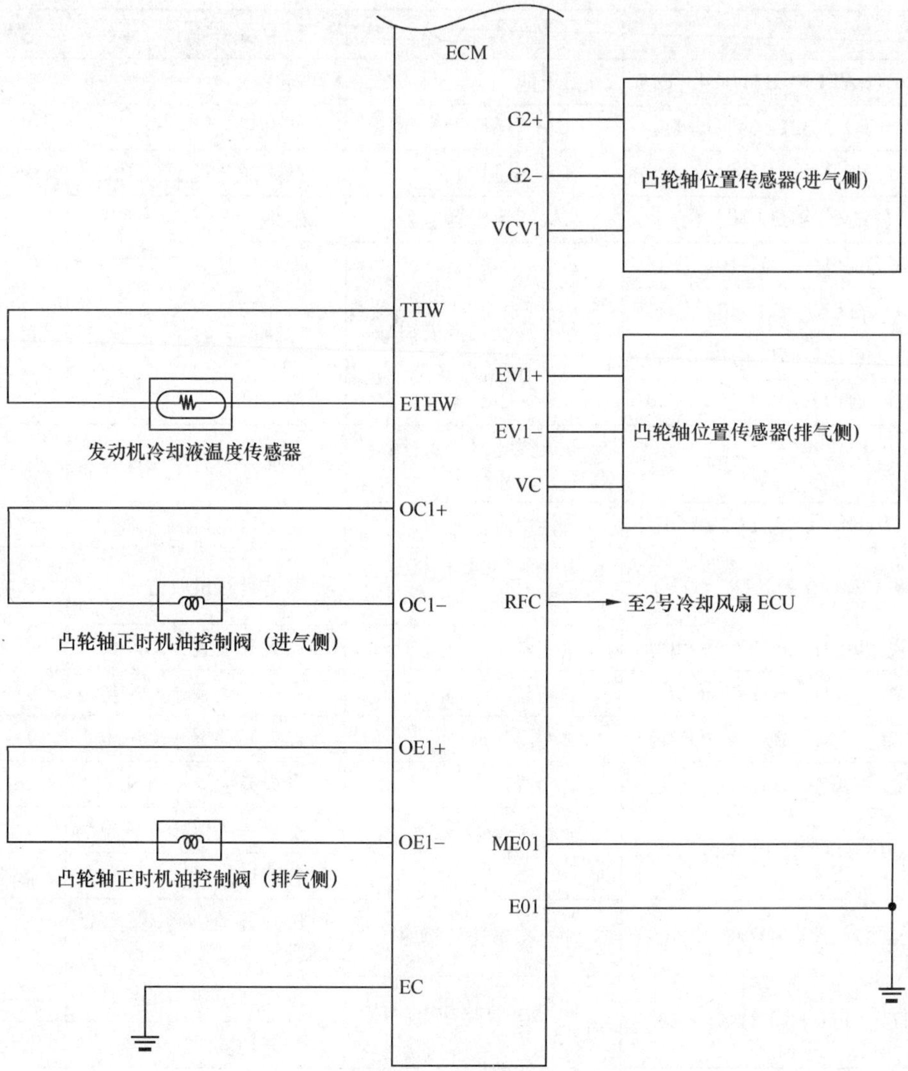

ECM
G2+
G2−
VCV1
凸轮轴位置传感器(进气侧)
THW
ETHW
发动机冷却液温度传感器
EV1+
EV1−
VC
凸轮轴位置传感器(排气侧)
OC1+
OC1−
凸轮轴正时机油控制阀（进气侧）
RFC
至2号冷却风扇 ECU
OE1+
OE1−
凸轮轴正时机油控制阀（排气侧）
ME01
E01
EC

图 4-41 电路图 4

三、ECM 端子号（如图4-42与表4-24所示）

B31
A50

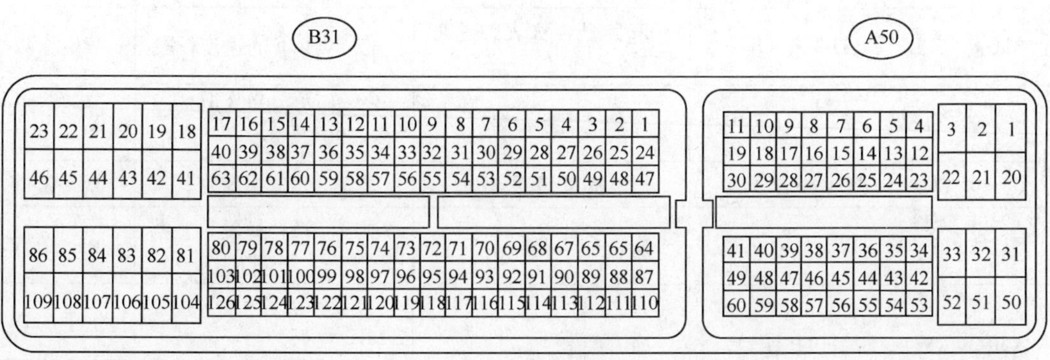

图 4-42 ECM 端子

表 4-24　　端子号

端子号	端子描述	条件	规定状态
A50-20（BATT）- B31-104（E1）	蓄电池	始终	9～14V
A50-2（+B）- B31-104（E1）	ECM 电源	点火开关置于 ON 位	9～14V
A50-1（+B2）- B31-104（E1）	ECM 电源	点火开关置于 ON 位	9～14V
A50-3（+BM）- B31-104（E1）	节气门执行器电源	始终	9～14V
B31-85（IGT1）- B31-104（E1）	点火线圈（点火信号）	怠速运转时	产生脉冲
B31-84（IGT2）- B31-104（E1）			
B31-83（IGT3）- B31-104（E1）			
B31-82（IGT4）- B31-104（E1）			
B31-81（IGF1）- B31-104（E1）	点火线圈（点火确认信号）	点火开关置于 ON 位	4.5～5.5V
B31-122（NE+）- B31-121（NE-）	曲轴位置传感器	发动机暖机时怠速	产生脉冲
B31-99（G2+）- B31-98（G2-）	可变气门正时（VVT）传感器（进气侧）	发动机暖机时怠速	产生脉冲
B31-108（#10）- B31-45（E01）	喷油器	点火开关置于 ON 位	9～14V
B31-107（#20）- B31-45（E01）	喷油器	点火开关置于 ON 位	9～14V
B31-106（#30）- B31-45（E01）	喷油器	点火开关置于 ON 位	9～14V
B31-105（#40）- B31-45（E01）	喷油器	点火开关置于 ON 位	9～14V
B31-109（HT1A）- B31-86（E03）	加热型氧传感器加热器 S1	点火开关置于 ON 位	9～14V
		怠速运转时	低于 3.0V
B31-112（OX1A）- B31-90（EX1A）	加热型氧传感器 S1	传感器预热后，保持发动机转速 2500r 2min	产生脉冲
B31-47（HT1B）- B31-86（E03）	加热型氧传感器加热器 S2	点火开关置于 ON 位	9～14V
		怠速运转时	低于 3.0V
B31-64（OX1B）- B31-87（EX1B）	加热型氧传感器 S2	传感器预热后，保持发动机转速 2500r 2min	产生脉冲
B31-110（KNK1）- B31-111（EKNK）	爆燃传感器	发动机暖机后保持 4000r 的发动机转速	产生脉冲
A50-8（SPD）- B31-104（E1）	来自组合仪表的速度信号	以 20km/h 的速度行驶	产生脉冲
B31-97（THW）- B31-96（ETHW）	冷却液温度信号	怠速，发动机冷却液温度为 80℃	0.2～1.0V
B31-65（THA）- B31-88（ETHA）	进气温度传感器	怠速，进气温度为 20℃	0.5～3.4V
B31-118（VG）- B31-116（E2G）	质量空气流量计	怠速，换挡杆置于 P 挡或 N 挡，空调关闭	0.5～3.0V
A50-24（W）- B31-104（E1）	MIL	点火开关置于ON位置（MIL 熄灭）	低于 3.0V
		怠速运转时	9～14V

续表

端子号	端子描述	条件	规定状态
A50-48（STA）- B31-104（E1）	启动机信号	发动机启动	5.5V 或更高
B31-115（VTA1）- B31-91（ETA）	节气门位置传感器（用于发动机控制）	点火开关置于 ON 位，节气门全关	0.5～1.2V
		点火开关置于 ON 位，节气门全开	3.2～4.8V
B31-114（VTA2）- B31-91（ETA）	节气门位置传感器（用于传感器故障检测）	点火开关置于 ON 位，松开节气门踏板	2.1～3.1V
		点火开关置于 ON 位，踩下节气门踏板	4.5～5.5V
B31-67（VCTA）- B31-91（ETA）	传感器电源	点火开关置于 ON 位	4.5～5.5V
A50-57（VCPA）- A50-59（EPA）	节气门踏板位置传感器（用于 VPA）	点火开关置于 ON 位	4.5～5.5V
A50-55（VPA）- A50-59（EPA）	节气门踏板位置传感器（用于发动机控制）	点火开关置于 ON 位，松开节气门踏板	0.5～1.1V
		点火开关置于 ON 位，完全踩下节气门踏板	2.6～4.5V
A50-56（VPA2）- A50-60（EPA2）	节气门踏板位置传感器（用于传感器故障检测）	点火开关置于 ON 位，松开节气门踏板	1.2～2.0V
		点火开关置于 ON 位，完全踩下节气门踏板	3.4～5.0V
A50-58（VCP2）- A50-60（EPA2）	节气门踏板位置传感器电源（用于 VPA2）	点火开关置于 ON 位	4.5～5.0V
B31-42（M+）- B31-43（ME01）	节气门执行器	发动机暖机时怠速	产生脉冲
B31-41（M-）- B31-43（ME01）	节气门执行器	发动机暖机时怠速	产生脉冲
A50-36（STP）- B31-104（E1）	制动灯开关	踩下制动踏板	
		松开制动踏板	
A50-35（ST1-）- B31-104（E1）	制动灯开关	点火开关置于 ON 位，踩下制动踏板	低于 1.5V
		点火开关置于 ON 位，松开制动踏板	9～14V
B31-49（PRG）- B31-104（E1）	清污 VSV	点火开关置于 ON 位	9～14V
		怠速运转时	产生脉冲
A50-7（FC）- B31-104（E1）	燃油泵控制	点火开关置于 ON 位	9～14V
		怠速运转时	低于 1.5V
A50-15（TACH）- B31-104（E1）	发动机转速	怠速运转时	产生脉冲
A50-27（TC）- B31-104（E1）	DLC3 的端子 TC	点火开关置于 ON 位	9～14V
B31-100（OC1+）- B31-123（OC1-）	凸轮轴正时机油控制阀（进气侧）	怠速运转时	产生脉冲

续表

端　子　号	端 子 描 述	条　　件	规定状态
A50-41（CANH）- B31-104（E1）	CAN 通信线路	点火开关置于 ON 位	产生脉冲
A50-49（CANL）- B31-104（E1）	CAN 通信线路	点火开关置于 ON 位	产生脉冲
A50-28（IGSW）- B31-104（E1）	点火开关	点火开关置于 ON 位	9～14V
A50-44（MREL）- B31-104（E1）	EFIMAIN 继电器	点火开关置于 ON 位	9～14V
B31-60（OE1+）- B31-61（OE1-）	凸轮轴正时机油控制阀（排气侧）	怠速运转时	产生脉冲
B31-76（EV1+）- B31-75（EV1-）	可变气门正时（VVT）传感器（排气侧）	发动机暖机时怠速	产生脉冲
B31-70（VCV1）- B31-104（E1）	VVT 传感器电源	点火开关置于 ON 位	4.5～5.5V
B31-117（VC）- B31-104	VVT 传感器电源	点火开关置于 ON 位	4.5～5.6V
B31-52（STAR）- B31-104	启动机继电器控制	点火开关置于 ON 位	4.5～5.5V
		发动机启动	5.5V 或更高
A50-43（RFC）- B31-104	冷却风扇控制	点火开关置于 ON 位	4.5～5.5V

第二部分　任 务 实 施

在任务实施的过程中，将学习汽车维修企业的常见安全设备的。建议分小组进行实施，在规定的时间内完成。

一、工具准备

在实施作业前，每小组按表 4-25 准备好完成本任务所需的资料、工具。

表 4-25　　工具准备

资料、工具的名称	数　　量
丰田卡罗拉教学整车	1 台
诊断仪	1 台
万用表	1 只
常用工具	1 套

二、技术要求与标准

① 所有操作符合安全技术标准。

② 所有操作符合汽车的维修技术要求。

③ 在操作过程中不允许出现安全事故。

三、要完成的工作

1. 丰田卡罗拉汽车发动机包括有哪些传感器？在发动机上找到各传感器的位置，并填入

表 4-26 中。

表 4-26　　传感器的位置

传感器	位置	作用

2．丰田卡罗拉汽车发动机包括有哪些执行器？

对应电路图，在发动机上找到各执行器的位置，并填入表 4-27 中。

表 4-27　　执行器的位置

执行器	位置	作用

3．丰田卡罗拉汽车发动机电控系统的组成。

丰田卡罗拉汽车发动机采用哪种电控燃油喷射系统，有何特点？

4．汽车信息登记与故障再现。

（1）汽车信息登记（见表 4-28）

表 4-28　　汽车信息登记

项目	内容
汽车型号	
客户反应	发动机发抖
维修接待的维修意见	检查发动机

（2）故障再现

① 打开点火开关，观察发动机故障灯状态。□亮　　　□不亮

② 启动发动机，观察故障现象，在发动机出现的下述现象前打“√”。

□ 发动机启动困难

□ 发动机加速不良

□ 发动机怠速不稳定

□发动机发抖

□发动机启动后熄火

□踩下加速踏板后发动机熄火

□其他

③ 你观察到的故障现象是否与客户投诉的故障现象一致？如果不一致，是故障现象多了，还是少了？

(3) 诊断流程

① 发动机外观目检。

a．线束连接器是否连接良好？

b．将检查结果记录填入表4-29中。

表4-29 检查结果

故障部位	维修建议
线束连接器	
熔丝、继电器	

② 请用解码仪读取丰田卡罗拉汽车发动机故障代码。

a．有故障码吗？如果有请把故障码写下来，并按故障码的提示维修发动机。

b．如果没有故障码，请按常规方法检查发动机，写出故障排除步骤。

5．汽车复位与清洁见表4-30。

表4-30 汽车复位与清洁

项目	内容
启动汽车	□任务完成
发动机故障灯状态	□正常 □不正常
观察发动机运转状态	□正常 □不正常
读取故障码 清除故障码	
汽车检验、交车	□任务完成

任务评价

一、自我评价

1．总结丰田卡罗拉汽车发动机结构特点。

2．请写出对本任务的体会。

3. 自己对学习本任务的自我评价（包括着装、学习态度、知识以及技能掌握程度、工作页的填写情况等）。

二、小组评价

序 号	评 价 项 目	评 价 情 况		
		好	中	差
1	团队合作精神			
2	学习是否积极主动			
3	服从工作安排的情况			
4	工具、仪器的使用情况			
5	工具整理、现场清理的情况			

三、教师评价

序 号	评 价 项 目	评 价 情 况		
		好	中	差
1	出勤情况			
2	着装情况			
3	课堂秩序			
4	学习是否积极主动			
5	任务书填写			
6	工具、仪器的使用情况			
7	工具整理、现场清理的情况			

高等职业教育课改系列规划教材目录

书　名	书　号	定　价
高等职业教育课改系列规划教材（公共课类）		
大学生心理健康案例教程	978-7-115-20721-0	25.00 元
应用写作创意教程	978-7-115-23445-2	31.00 元
高等职业教育课改系列规划教材（经管类）		
电子商务基础与应用	978-7-115-20898-9	35.00 元
电子商务基础（第 3 版）	978-7-115-23224-3	36.00 元
网页设计与制作	978-7-115-21122-4	26.00 元
物流管理案例引导教程	978-7-115-20039-6	32.00 元
基础会计	978-7-115-20035-8	23.00 元
基础会计技能实训	978-7-115-20036-5	20.00 元
会计实务	978-7-115-21721-9	33.00 元
人力资源管理案例引导教程	978-7-115-20040-2	28.00 元
市场营销实践教程	978-7-115-20033-4	29.00 元
市场营销与策划	978-7-115-22174-9	31.00 元
商务谈判技巧	978-7-115-22333-3	23.00 元
现代推销实务	978-7-115-22406-4	23.00 元
公共关系实务	978-7-115-22312-8	20.00 元
市场调研	978-7-115-23471-1	20.00 元
物流设备使用与管理	978-7-115-23842-9	25.00 元
高等职业教育课改系列规划教材（计算机类）		
网络应用工程师实训教程	978-7-115-20034-1	32.00 元
计算机应用基础	978-7-115-20037-2	26.00 元
计算机应用基础上机指导与习题集	978-7-115-20038-9	16.00 元
C 语言程序设计项目教程	978-7-115-22386-9	29.00 元
C 语言程序设计上机指导与习题集	978-7-115-22385-2	19.00 元
高等职业教育课改系列规划教材（电子信息类）		
电路分析基础	978-7-115-22994-6	27.00 元
电子电路分析与调试	978-7-115-22412-5	32.00 元
电子电路分析与调试实践指导	978-7-115-22524-5	19.00 元
电子技术基本技能	978-7-115-20031-0	28.00 元
电子线路板设计与制作	978-7-115-21763-9	22.00 元

续表

书　名	书　号	定　价
单片机应用系统设计与制作	978-7-115-21614-4	19.00 元
PLC 控制系统设计与调试	978-7-115-21730-1	29.00 元
微控制器及其应用	978-7-115-22505-4	31.00 元
电子电路分析与实践	978-7-115-22570-2	22.00 元
电子电路分析与实践指导	978-7-115-22662-4	16.00 元
电工电子专业英语（第 2 版）	978-7-115-22357-9	27.00 元
实用科技英语教程（第 2 版）	978-7-115-23754-5	25.00 元
电子元器件的识别和检测	978-7-115-23827-6	27.00 元
电子产品生产工艺与生产管理	978-7-115-23826-9	31.00 元
电子 CAD 综合实训	978-7-115-23910-5	21.00 元
电工技术实训	978-7-115-24081-1	27.00 元
高等职业教育课改系列规划教材（动漫数字艺术类）		
游戏动画设计与制作	978-7-115-20778-4	38.00 元
游戏角色设计与制作	978-7-115-21982-4	46.00 元
游戏场景设计与制作	978-7-115-21887-2	39.00 元
影视动画后期特效制作	978-7-115-22198-8	37.00 元
高等职业教育课改系列规划教材（通信类）		
交换机（华为）安装、调试与维护	978-7-115-22223-7	38.00 元
交换机（华为）安装、调试与维护实践指导	978-7-115-22161-2	14.00 元
交换机（中兴）安装、调试与维护	978-7-115-22131-5	44.00 元
交换机（中兴）安装、调试与维护实践指导	978-7-115-22172-8	14.00 元
综合布线实训教程	978-7-115-22440-8	33.00 元
TD-SCDMA 系统组建、维护及管理	978-7-115-23760-8	33.00 元
光传输系统（中兴）组建、维护与管理实践指导	978-7-115-23976-1	18.00 元
网络系统集成实训	978-7-115-23926-6	29.00 元
高等职业教育课改系列规划教材（汽车类）		
汽车空调原理与检修	978-7-115-24457-4	18.00 元
汽车传动系统原理与检修	978-7-115-24607-3	28.00 元
汽车电气设备原理与检修	978-7-115-24606-6	27.00 元
汽车动力系统原理与检修（上册）	978-7-115-24613-4	21.00 元
汽车动力系统原理与检修（下册）	978-7-115-24620-2	20.00 元
高等职业教育课改系列规划教材（机电类）		
钳工技能实训（第 2 版）	978-7-115-22700-3	18.00 元

如果您对“世纪英才”系列教材有什么好的意见和建议，可以在“世纪英才图书网”（http://www.ycbook.com.cn）上“资源下载”栏目中下载“读者信息反馈表”，发邮件至 wuhan@ptpress.com.cn。谢谢您对“世纪英才”品牌职业教育教材的关注与支持！